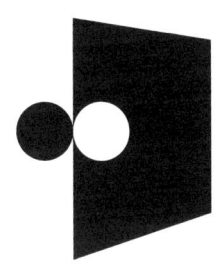

在虚无时代：
与马克斯·韦伯
共同思考

Nihilistic Times:
Thinking with
Max Weber

[美] 温迪·布朗 | 著
李 磊 | 译

Wendy Brown

目 录

导　言　/ i

第一章　政治　/ 001
第二章　知识　/ 059
后　记　在韦伯与我们之间　/ 101

附　注　/ 127
致　谢　/ 145
索　引　/ 146

导　言

本书是以 2019 年 11 月我在耶鲁大学发表的坦纳人类价值观讲座（Tanner Lectures on Human Values）的大幅修订与扩充版为基础。坦纳讲座并无明确使命，只有一个主导性的思想框架。其赞助人和创始人是英国摩门教哲学家、律师、神学家、实业家和慈善家奥伯特·克拉克·坦纳（Obert Clark Tanner），他在 1978 年为这些讲座定立的宽松准则似乎也反映了他自己那种不囿于专业的精神："我希望这些讲座能对人类的思想和道德生活有所助益。我认为它们的目的仅仅是力求更好地理解人类的行为与价值观。"

最终，这一讲座的准则被更窄化地限定为"促进和反思与人类价值观有关的学术和科学认知"。[1] 这种限定保留了"价值观"这一模糊术语——它指定了我们看重或关心的事物，却剥离了如何或为何的问题，这个术语如此坦白地宣示了它作为一种成就或选择的地位，以至于形容性的"人类"都成了冗余，只是为了强调价值观象征着、甚或确保着人性的一个重要维度。然而这种窄化也完成了一项与众不同的壮举，那就是认定学术和科学与价值不同却又"有关"。那么知识在人们的想象中是否已剥离了价值观，除非将其带入具体情境，才能以仔细审视、哲学化、历史化或其他的方式来理解它们？价值观是由知识催生，根植于知识之中，亦或仅仅是由知识来了解或指引？如果说像学者或科学家那样，去认知世界就是去了解世间有什么值得重视之物，这是否也是一种自负？

坦纳讲座的这一修订准则似乎仍在延续启蒙运动对于真理与价值之分以及真理了解价值之能力的假设。它承载着一丝希望，这希望就寄托于这种区分和能力之上——尤其是"认知"会对（个人和集体的）生活应该遵循的原则产生影响这一观念之上。然而它也把我们直接扔进了现代性的其他后果的洪流，在这洪流之中，科学首先摧毁了上帝和传统的价值基础；接着它将价值的经济意义凌驾于其他意义之上，从而扼杀了价值的救赎价值；然后启蒙运动对于以下联结的自负崩溃了——知识与解放、知识与进步、知识与集体福祉、知识与选择珍视对象或保护我们所珍视的对象；最后科学便陷入了自身的危机之中。如果科学不是人类对一种价值高于一切的真理的根本性创造，又无法告诉我们应该珍视什么或如何相应地构建世界，那么科学又是什么呢？

这一切都发生在我们这迷惘的当代境况之前，在这种境况中，价值和价值观的各种坐标——哲学的、社会的、经济的、生态的和政治的——在知识实践和世界之中都极其不确定。如今在新老自由民主国家都出现了凶猛的反民主势力，这些势力公开肯定专制、神权政体、暴力排斥或种族、民族和性别至上主义。它们不仅出自极右阵营和政党，也源自内外、上下对选举制度的攻击和腐蚀——其手段包括用黑钱来俘获政客，凭借日益司空见惯的虚假信息运动来俘获选民，通过选民压制*、不公正地划

---

* 选民压制（voter suppression）是指通过法律、政策等手段限制或剥夺某些选民的投票权，以影响选举结果。（本书脚注均为译注）

分选区、企业资助和外国影响来扭曲选举。数字科技在持续性地给工作、知识、治理、社会关系、心理、身体和主体性带来革命性的变化，它既增强了人类的能力，也产生了离间、监视和操纵人类的新颖方式。这种政治-经济的转型释放了金融，使其成为一股对人类和地球的繁荣而言比资本主义商品生产更加强大且所受束缚更少的力量。这种威斯特伐利亚式的全球秩序*与其潜在的继任者之间存在着一种过渡期的混乱，这种混乱的标志就是前所未有的边界入侵，以及对观念、民众、宗教、资本、劳动力、科技、暴力、污染物和商品的边界管制。气候变化、骤降的生物多样性以及一个疯狂的世纪所遗留的无法代谢的生产垃圾都堆积成了海洋浮岛和陆地废料场，这引发了一场生存危机。在这最后一个例子中，还有十多亿人本身都被弃如垃圾：如今每八人中就有一人住在全球各城市内或毗邻城市的临时棚户区和难民或流浪

---

* 在三十年战争尾声，统治西班牙、神圣罗马帝国、奥地利的哈布斯堡王朝与法国、瑞典以及神圣罗马帝国内勃兰登堡、萨克森、巴伐利亚等诸侯邦国缔结了《威斯特伐利亚和约》，哈布斯堡王朝就此衰落。

者营地里，他们几乎没有机会获得文明的基础要素——卫生系统、营养、教育、医疗以及抵御恶劣天气的保护措施。

如何在这迷惘的当下构想"价值观"？一方面，我们不能完全依照既定的政治-智识传统所提供的罗经点*为自己定向。其原因不仅在于这些传统的范畴、概念和方法往往不适应我们当今的科技、资本形式和气候危机，也在于它们想象地球和人类活动的方式已然过时了。其中还充斥着各种造成了我们今天诸多困境的假设和自负，涵盖了从鲁莽的人类中心主义和种族主义、性别歧视的人本主义到理性主义或客观主义的认知自负，以及排除了照护工作的劳动定义或视自然为被动素材的"自然"定义。它们包含着深层的本体论和认识论对立——自然和文化、事实和价值、人和动物、有生命者和无生命者、文明和野蛮——以及一些较平淡的对立——言和行，或公与私。[2] 它们纳入了时间和空间的构想，否认其主张往往带有暴力排斥

---

* 罗盘或指南针上标示的方向。

性、掠夺性或殖民主义的断言。就方法、内容、边界和世界观而言，任何一种知识的学科都无法幸免于这种斥责。

与此同时，若想理解当代困境以及其中的可能性，从零开始的理论化本身也是愚蠢之举，原因至少有二。首先，对我们独特的当下所作的明智判断必定带有历史意识。即使我们今天描绘了某些新的权力、科技、主体性和政治形态，也必须考虑到构成并贯穿了它们的悠久的历史力量——其中包括虚无主义、资本主义、父权制、白人至上主义——随着它们参与到全球化和气候变化的多重效应之中，其本身也在发生变化。其次，这种兼具深刻历史性和对当下独特性之认同的复杂判断时常会受到对早期理论家的研究的推动。这种推动的途径不是应用以往思想家对权力的分析、对状况的诊断、对历史的编撰或其中适于我们时代困境的变革策略，而是批判性地借用前者来思考这些困境。不止如此，很多社会和政治理论家的影响力之所以经久不衰，并不仅是因为他们开创了深刻而富启发性的新框架，也是因为他们曾积极努力地绘制自己那个迷惘时代的地图。我们并非历史上最早与人类前所未见的当下问题角力的人：只有"当下"是独特的。

这就是我在本书中与马克斯·韦伯共同思考的缘由，其中尤以他那两场著名的论知识与政治的讲座为重，英语中通常称之为"以学术为志业"和"以政治为志业"。1917年和1919年，韦伯应慕尼黑大学学生之邀进行了这两场演讲，在其中勾勒了这两个领域当时的轮廓、困境和潜力，在他看来，那个时代的意义和正直（integrity）正在迅速枯竭，并且面临着堕入"冰暗严酷的极夜"的威胁。[3] 他在他那个时代对慕尼黑大学展开的灼人控诉——其雇佣和晋升的赞助体系、腐蚀性的政治化学术和课堂、对有前途的年轻学者基于反犹主义等原因的排斥、资本主义价值观的入侵、低下的教学水准，以及使学术工作遁离世俗的过度专业化——也呼应了我们自己时代的一些特征。韦伯对兼具正直和目标的有志政客的状况的刻画同样黯淡，而且也能引发当代的共鸣：他描绘的政治领域里满是蛊惑民心的政客和官僚，鲜有真正的领袖，主导政坛的是政党机器和受操纵的群众。他认为除了公民投票的形式和功能之外，民主并不可行。他还表示，现代性中的政治生活必然充斥着永恒战争和无法判定的价值观，而这些价值观本身也被明显的政治通货——武力和欺诈——浸透了。

即便写下了这些相关的按语，对很多人来说，如今借韦伯来思考似乎也是反直觉乃至反常的。人们常认为就是韦伯将20世纪的社会科学知识推上了一条危险而傲慢的伪客观性和伦理中立的道路，还创立了极致的知识专业化和隔离的学科方法，阻碍了理解和批评现状所需而非反映和认可现状所需的知识实践。人们历来认为，一个世纪以来支撑着实证主义的那种事实与价值之间的严格区分，便与韦伯有关，这种区分不仅将事实与真理（尽管是暂时的真理，毕竟科学进步无止境）相联系、将价值与主观判断相联系，而且坚称科学可以而且必须是价值中立的。他之所以闻名，就在于他以一种保守的模式勾画了各种行动和权威，描绘了各种理想类型并赋予其价值，创立了颇有问题的宗教社会学，用资本主义源于新教的说法来挑战马克思主义，并对世俗现代性造成的世界的合理化和祛魅进行理论化，而其理论化方式现在也受到了与他类似的新唯物主义者、科学哲学家和世俗理论家的挑战。他之所以声名狼藉，就在于他用他那反规范性的使命束缚了社会科学，拒斥他所称的解释学的深度，并狭隘地定义了政治，尽管早期的法兰克福学派和福柯都汲取了他的思想，但今天已很少有人视其为批判理论之友了。在政治上，人们通常认为韦伯对资本主义、国家权力和主权民族国家间的竞争持乐观态度。他被认为怀有激烈的德国民族主义、焦虑的大男子主义，以及对新自由主义特性的早期迷恋，正是这种新自由主义，后来以不民主的原则和技术影响了欧洲统一计划。[4] 他美化了权力政治（*Machtpolitik*），也称颂拥抱权力政治的国家和政客。人们认为他不仅是一个现实主义者，在政治和智识生活中也是一个狂热的反理想主义者。

考虑到这些原因，韦伯看起来可能与一些打造了我们这个时代最邪恶势力的设计师是同气连枝的。然而上述概要只是简化了韦伯对知识、历史、政治、资本主义和权力的复杂构想，忽略了很多矛盾的、难解的、微妙的、独创的和内在的思想冲突，正是这种冲突让韦伯成了极有价值的思考资源。这些特点在他晚年发表的两篇志业演讲中体现得尤为明显，也是我在本书中反思的焦点。

韦伯是一个幽暗的思想家。这不仅是他涉猎的领域、性情或时代的问题，尽管其中每一个无疑都潜藏着危险。同样重要的是他无与伦比地欣赏某些现代性逻辑：现代性的标志性理性和权力形式；现代性产生了具有空前统治能力的"人类机器"（human machineries）；现代性同时增殖并贬低了价值和价值观（它将道德还原成了口味问题）；民主不足以抵制或改变这些发展，想在其中培育负责任的教学方式和政治领导力也面临着巨大挑战。在他看来，这个世界已被破坏人类精神和自由的力量与直截了当的危险所扼杀，他试图开创一种实践之途，让学者和政治行动者都可以在逐渐黯淡的光芒中借由他们的工作、甚或模范性的目标或微弱的希望来抵御黑暗。这就是如今要借鉴他的原因之一。我们需要清醒的思想家,他们拒不屈从于各种诱惑——无论是宿命论还是启示论、全面革命的白日梦还是理性进步的拯救——且他们的目标并不止于充当目前知识和政治秩序中的巴托比*或螺丝钉。

借鉴韦伯的第二个原因系于他在两次世界大战间隙之初对政治和学术生活的危机展开的对抗,这些危机和我们自己的危机有一定相似之处,包括一场自由主义危机。在思想上,韦伯认为马克思和尼采是他那个时代知识界的主要影响人物,在他看来,这两人虽然都很深刻,但也都是危险的死脑筋,他力图击退受此二人启发的左右两翼的反自由主义批评。[5] 在政治上,韦伯认为整个欧洲——尤其是德国——都受到了激进的群众运动、虚妄的煽动性政客、不负责任的民族主义者和社会主义者以及官僚-法律国家主义(bureaucratic-legal statism,即学界所

---

* 巴托比是美国作家赫尔曼·梅尔维尔(Herman Melville)的小说《书记员巴托比》(*Bartleby the Scrivener*)中一个拒斥一切的怪异角色。

痴迷并被一些政客接受的专家政治）的威胁；[6] 韦伯对这种情况的回应并不是为自由派政治家或其代表正名。[7] 毋宁说他是想为那些作为统治者的领袖培养一种理想，继而要求统治者以负责任的方式追求政治愿景。他寄望于那些尊重选举民主、法治和自由主义对政府之约束的人，同时又想巧妙地利用他们的权力和说服力来构建政治未来，这一未来可以摆脱官僚行政机构——遑论社会主义国家主义——的限制，同时超越自由民主制的妥协、打破互投赞成票的僵局。[8] 即便我们今天在右派中（博尔索纳罗、特朗普、欧尔班、埃尔多安、莫迪）看到了这种未来的缩减版，我们可能也仍想要询问左派是否有这种可能性。[9] 无论是有志拯救自由民主制还是将其丢弃，左派的政治动员都越来越聚焦于大规模变革的领导力问题，这些变革虽超越了议会的小修小补，但还没达到革命的程度。左派民粹主义、绿色民主社会主义、废除主义*和土

---

* 废除主义（abolitionism）通常是指一种政治立场或运动，旨在废除某种被认为是不公正、不合理或不合时宜的制度、法律、政策。

著政治都是如此。这使得韦伯与他那个时代的自由主义和民主之危机的坚定对抗（尤其是在"以政治为志业"中）为一个世纪后的我们所面对的危机提供了一种潜在的启迪。[10]

在当今与韦伯一同思考的第三个原因，也是这两篇文章充满活力的主要因素，关乎他与我们这个虚无主义时代的思想和政治困境的深刻对抗。无处不在的虚无主义放松了对攻击性的束缚，也贬低了价值观（加剧了新自由主义对民主制、社会责任和关怀后代的态度的败坏），我在《新自由主义的废墟》(In the Ruins of Neoliberalism)中总结过这个问题，但并没有为其描绘一条出路。[11] 韦伯更为人知之处是他对方法和理想类型的规范化（formalization），将解释学纳入了对社会行动的客观研究，以及他对唯物论历史的那种以价值观的中心性为特征的独特重述，但这些成就却也掩盖了他在知识和政治方面对抗虚无主义影响的努力。他的这一思想特征在他经常提到的托尔斯泰的结论——即就现代性而言，死亡乃至生命都是无意义的——以及陀思妥耶夫斯基对世界的伦理无理性的描绘中都一目了然。这一思想特征表现在他对祛魅、合理化、边界的打破以及思想、政治和文化生活中普遍存在的虚荣或自恋的影响的关注。尽管韦伯绝非最复杂的虚无主义理论家——尼采、海德格尔、阿多诺、罗蒂、罗森*和皮平[†]都为此提供了更丰富的哲学描述——但他可能是其中最政治化的。他将虚无主义视为当代政治状况的一个促因,同时认为政治是克服虚无主义的一个关键平台:政治是阐明和追求他所称的"终极价值观"或世界观的典型领域,而不仅仅关乎权力或利益。他在社会科学研究和课堂中对事实-价值之分的坚持,也与虚无主义的大门背道而驰,在那扇门内,不止是道德和伦理,连真理和慎思都有被舍弃的风险。

有很多途径都可以解释当代反民主的大众势力的勃兴,以及当今西方多有借鉴的那些信奉权力政治的机会主义大师的崛起。不过其中只有一种是以虚无主义的政治表达为特征的,

---

* 斯坦利·罗森(Stanley Rosen,1929—2014),美国波士顿大学荣休教授,著名哲学家。
† 罗伯特·皮平(Robert Pippin,生于1948),美国哲学家。

尼采预言，这株植物需要两百年才能从科学和启蒙运动所摧毁的神祇和理想的坟墓中开出花朵。[12] 虚无主义在今天表现为无处不在的道德混乱或不真诚，但也体现为对权力和欲望的明确肯定，其中被剥离的不仅仅是伦理，还有对真理、正义、后果或后世的责任的关切。虚无主义可见于人们与他人和后代之间社会契约的漫不经心乃至欢快喜庆的破裂之中，这在今天的日常言行中尽显无余，尤以右派为甚，但也不止右派如此。它表现为对一个脆弱的地球和脆弱的民主国家的有意的无动于衷。它还表现为上下层中的常态化欺骗和犯罪，以及向琐碎、直接和个人化的行为的大规模撤退。[13] 以"传统道德"作为对政治目标的策略性掩饰，这显然是为了再次固化种族、性别和所有权的历史至上性，又或是为了俘获被这些至上性吸引的选民。它被铭刻于无处不在的"声誉修复"的实践中，以及最自命不凡的公众人物都要随风而动的机会主义之中。它表现为对宗教和政治领袖的一致性、责任感乃至诚实的空前的普遍冷漠。它还体现在右派和左派之间尖锐的认识论对峙之中：一边是对宗教和传统的奋力维护，一边是对理性和进步的猛烈捍卫，既没有宽恕，也不承认他们的旗帜都插在流沙之上，而他们的战斗也是在流沙上展开。这份清单肯定不能说穷尽无遗，它仅限于虚无主义的公共生活。

对那些想要将地球、民主和对正义的关注从悬崖边缘拉回的人而言，问题就是：有没有可能出现一种政治，它可以克服、消除、解决虚无主义，或至少可以击退或终结其最严重的影响？[14] 以及如何产生、管理和传播知识，使其不受虚无主义力量的影响？或者如何更好地利用知识来克服这些虚无主义力量？这些都是韦伯在其志业演讲中直接面对的问题。

就虚无主义而言，我和韦伯并不是在暗示所有价值都已从世间消失了，或者说人们普遍认为生活没有任何目的或意义了。可以将虚无主义理解为一种状况，而不是一种偶然的态度，它既出自现代性，又为现代性中的意义带来了明显的困境。一方面，想找到意义和价值的标准——遑论其基础——却不诉诸于这些基础的不可靠源头（宗教、传统或逻辑）是很难的，而这种不可靠又会使这种诉求不可避免地变得反动且刺耳。[15] 另一方面，对进步的信仰也被揭示为基督教千年信仰的世俗化版本，因现代性未能缔造普遍的和平、繁荣、幸福或自由而被经验性地证伪。当对起源和目标的诉求就此衰颓之时，变革的计划本身就失去了罗盘，用尼采的话说，这仿佛是"我们让地球摆脱了太阳的束缚。"[16] 如今，我们是在没有拴绳或光亮的情况下旋转，无法确知要肯定和否定什么，也没有历史运动的时间性（temporality）或方向性。在这种情况下，目标和判断力都被剥夺一空，令人无法忍受。

不止如此。对韦伯来说，学术知识（Wissenschaft，通常译为科学，但涵盖所有系统的、可传播的学术知识，包括人文知识）削弱了宗教的基础，但并未将其终结。确切而言，韦伯实事求是地宣称，在一个理性和合理化的世界里，宗教需作出一种必要的"智识牺牲"，他的意思是宗教必须在最根本的问题上拒绝科学，这问题即我们如何知道我们知道什么。[17] 韦伯断然否定了尼采的提议——科学也建立在沙基之上，可以用弱宗教形式收获虔诚——他走了一条不同的路：当科学将宗教推下真理宝座时，它不会也不能取代宗教那种创造意义的力量。科学的这种局限性改变了真理的性质、影响范围和含义；它分离了事实与价值，使后者在学术层面上已无法确定。科学可以揭开世界的奥秘——韦伯称之为祛魅过程——却不能产生价值观或为其排序。[18]尼采写道，科学永远不能创造价值，这使其成为了"禁欲主义理想在当前的最佳盟友"，它的"目的是劝人们放下以前的自尊"。[19]韦伯引用了托尔斯泰的话："科学并无意义，因为它无法回答仅有的一些对我们至关重要的问题：'我们应该做什么？我们应该怎么活？'"[20]功利主义的计算也许能揭示我们在追求某些目的时失去了什么目的，但无法确定什么重要，以及为何重要。科学无法回答托尔斯泰的问题。当它假装可以的时候，就像新自由主义的价值、治理和行为准则的出现一样，虚无主义会跨过一道新的门槛，韦伯在不知其确切形式的情况下就对此早有预料。[21]

对韦伯来说，随着科学砍掉了意义的宗教

和道德根基，价值观也遭到了他那个时代的另一个源头的侵蚀，即在生活的每一个方面，他所说的"价值合理性"（value rationality）都被"工具合理性"（instrumental rationality）赶超了。这种赶超之所以可能，是因为工具理性（instrumental reason）摆脱了伦理束缚；它能为人接受，凭借的是这种形式对手段和目仍捆绑在一起的思维和行动模式所拥有的纯粹权力。韦伯关于手段与目的分离所释放的原始权力的理论巩固了他对资本主义（工人与生产目的分离）和官僚主义（官僚与组织整体职能分离）机制的理解。这一理论也构建了他对合理化和世俗化的构想，即这二者是系统性的力量而非主观的意图或目标造成的结果。但是，如果将手段与目的分开，通过效率产生了前所未有的庞大权力，那么手段也会削弱目的并最终将其吞噬。一切都变成了工具，权力只会带来更多权力，财富只会带来更多财富，计算只会带来更多计算。体现为巨大的"人类机器"的工具理性本身成为了束缚我们的"铁笼"，并将最初作为满足需要的手段转变成了一种统治秩序。[22]同样地，工具理性不仅独立于价值，而且天生倾向于摧毁价值，超越其本应达成之目的，或将目的本身转化为手段，最终以工具合理性掏空各处的价值观。[23] 金融化和数字化是起初的工具渐变为人类无法控制的统治装置的最新例证，它们现在如此强大，可能一夜间就会让世界陷入灾难。

总而言之，对韦伯来说，一方面，现代性中的所有意义都被揭示为造物而非发现，价值是无法判定的。另一方面，既定的意义都被祛魅和合理化的力量无情打破，科学篡夺了神话和奥秘的地位，手段则在一个工具合理性的世界中蚕食着目的。这一点大家都很熟悉。然而对韦伯来说，虚无主义的问题超过了这些削弱价值的祛魅和合理化的力量。确切而言，其问题在于现代性中随之出现的知识、政治和宗教间的区隔，尤其是在科学与宗教、政治与宗教、知识与政治之间形成的隔断，有时甚至是对立。在现代性中，知识的特征必须是客观性催生的价值中立；政治的特征必须是价值斗争，以及坚定地认同这种斗争只包含人类而非神祇的权力和目的；宗教断然绝拒斥了这两套假设，旨在肯定知识和价值观都是源自超凡脱俗的力量并且要由其传达。

虽然历史较短,但这种对各领域以及合法化各领域的原则进行的明显的现代分隔正是韦伯力图强化和维护的对象。这一点可以同时从韦伯在他那两场讲座中形塑学术和政治志业的方式看出。一方面,他区隔了这两种志业,又区隔了这两者与宗教志业。另一方面,他又给这两者注入了一种世俗化的宗教精神,一种既赋予从业者活力又对其施加伦理约束的精神。他从天职(Beruf,使命或志业)——在以世俗工作侍奉上帝的新教诫命中——的嵌入性(embeddedness)中汲取了这一概念,由此重申了这两个领域的后世俗使命并不与上帝相关,而是与奉献、信念和牺牲相联,在神性消失后,这三者可以说就是宗教实践和宗教情感的剩余物。唯有诉诸这种在失去至上存在者(Supreme Being)之后依然存续的精神伦理之力,才能防止政治和知识实践沦为赤裸裸的自我满足或权力意志。

正如韦伯用后虚无主义的性情模式所阐明

的，天职需要对无私、成熟、克制和责任的近乎超人的承诺，以及对一种自我以外的事业的热情奉献。天职并非仅仅将主体塑造成一种志业的载体，或者它所服务和满足的对象，而是通过它才能发挥潜力的主体。这就是说，在现代性中，宗教与学术和政治的分离除去了宗教本身对真理或权力的责任。[24] 因此，当信教者不留在自己的地盘，而试图在政治或知识领域行使认识论权力或实际权力时，就会导致一种特殊的腐败，韦伯认为这就是一种虚无主义的圣化。反过来说，矛盾的是，在一个虚无主义时代，唯一负责任的行动者，也是唯一能带领我们超越这个时代的人，就是一个彻底直面今日建构意义的困境，并在一个缺乏既定意义的世界接受创造意义这一挑战的人。[25] 如果现代性是由知识和目的之间以及知识和信仰之间的无法弥合的鸿沟构成的，那么也只有那些能直面这些鸿沟，并在与其建立的伦理性的、勇敢的关系中培育激情和事业的人，才有能力成为负责任的学者或政治行动者。只有那些直面公共生活中道德绝对性的缺失、认定为这些绝对性而诉诸科学或宗教是不适宜的人,才会给宗教、学术和政治这三个彼此分隔的领域带来正直和伦理责任。

此外,对于韦伯来说,这种价值观基础的缺失同时也揭示了它们天生就是由权力构成,可以展开争论和批判性分析,即使它们不是生自理性,或为了合法性而得以引用。正是这些特征使价值观本质上具有了政治性——既有偶然性,又充满权力——也使政治成为了争夺价值观和为其而斗争的领域。(如果尼采给哲学指派了创生后虚无主义价值的任务,那么韦伯拒绝这种指派正是为了保护知识,使其不受政治的影响。对他来说,学院是一个冷静地分析相互冲突的价值体系的假设和影响的地方,而不是孕育或传播它们的地方。)对韦伯来说,政治并不是只会受到现代性中的虚无主义的影响,也是抵御虚无主义那危险的潜在反转——转向冷漠或更糟糕的宿命论、玩世不恭、轻浮、自恋,或对权力和暴力的不负责任的运用——的独特场域。在一个世俗的、理性化和虚无主义的时代,宗教和文化权威已然瓦解,政治在表达、辩护、争论和追求价值方面获得了前所未有的重要性。换言之,当虚无主义完全成熟时,终极价值不但以庸俗的方式政治化了,同时也被放大为政治斗争的终极关键。一方面,无处不在的政治化(例如今天的消费、饮食、消遣、娱乐、时尚、家庭形式、育儿方式、生活方式乃至体型)本身就是一种虚无主义的征候。另一方面,正式的政治生活则是一座虚无主义的剧场:政治领域就是虚无主义以不加掩饰的形式出演的舞台,也是追求世俗事业以克服或反击虚无主义的一处场域。在我们这个时代,这两种潜力同时存在,而且经常发生碰撞。

政治领域既遭到了虚无主义的毁坏,又被视为克服虚无主义的场域,这一悖论之所以会出现,是因为对韦伯来说,政治领域带有典型的党派性。它本质上是一个争论的领域(这争论关乎意义,而不仅仅是目标),并不是客观性领域,尽管也不能因此就认定它是纯粹主观的或可将其还原为利益。[26] 政治生活无情的党派性将政治与价值观斗争捆绑到了一起,但现代性中价值观固有的非基础特质也将价值与政治捆绑到了一起。因此谢尔顿·沃林（Sheldon Wolin）评论道，对韦伯来说，"价值观成了政治的象征性等价物"，这就是他将价值观与知识生产和教学隔绝的原因。[27]但反过来也是正确的：价值观在政治中不可还原，而且若不消灭政治生活本身，那么价值观也不可能被消灭。韦伯看到了这种灭绝的威胁，因为政治有可能被官僚体制压垮，或者沦为行政体制、专家政治、赤裸的利益或权力游戏。此外，由于现代性中道德权威的崩溃导致价值观多样化，政治在调解或协调价值冲突方面也变得越来越重要。[28]因此，尽管韦伯认为他那个时代的政治浸透了虚无主义的影响，但他也看到了这一领域的独特潜力，可以借其来表达、动员以及为一个问题而展开斗争，这一问题就是在植根于传统或道德-宗教基础中的答案被一些相关却不同的祛魅和合理化力量摧毁后，我们应该如何共处。与此同时，由于政治的通货是权力，其终极工具是暴力，其本质是党派性，所以永远不可能有政治中立、客观与和平。在政治领域中展开的价值斗争永无止境——对那些仍寄望于进步叙事（遑论和谐或认知的普遍性）的人来说，慰籍是无处可寻的。

这就是我对韦伯的简化版解读，其中也简要说明了我为何认为韦伯与政治和知识中的虚无主义的角力有助于解决我们今日在这两个领域中面临的困境，同时我们也可能会（我也确实会）否定韦伯为应对他如此敏锐地描绘出的状况而拿出的药方和禁律，也可能会挑战他为（客观的）知识和（以国家为中心的）政治的本质作出的规定，还可能想要调用他已声言放弃的那些对现象——例如左翼政治动员或深度民主化——的洞见。[29]

在后文中，我会依次考量这两场演讲：首先是政治，然后是学术 / 知识。这颠倒了韦伯构思和发表的两场演讲的顺序——1917 年 11 月的"以学术为志业"，然后是 1919 年 1 月的"以政治为志业"——但按照颠倒顺序来思考这些演讲，能暴露出韦伯心照不宣地、甚至可能是无意识地在这两个领域中制定的更广泛的后虚无主义规划。另请注意：读者并不会在这些思考背后发现一名研究韦伯的学者。当然，我很感谢相关的学术研究，但我的目的并不是为其添砖加瓦。准确地说，我的目标就是借韦伯来思考我们这个时代，思考我们这个充满坎坷的不安世界。

第一章 政治

人们若不一次又一次地努力去达成在这个世界不可能达成的目标,那么有可能达成的目标也绝无可能达成……即使是那些既非领袖也非英雄的人,也必须用一颗坚定不移的心武装自己,以免因一切希望的破灭而气馁。

——马克斯·韦伯

政治意味着缓慢而有力地钻穿硬板。

——马克斯·韦伯

按当代的流行说法，虚无主义是一种态度，认为一切都没有本质的意义或价值，人生尤其如此。这种独特的世界观可被形形色色地归因于朋克精神、恐怖主义、青春期的无聊、后现代主义和某些形式的抑郁，它与对未来不抱希望、玩世不恭、悲观主义、相对主义或绝望有着情感上的关联。它也常被等同于不负责任、没有正当性的权力、无罪的罪行和对苦难的漠不关心。虚无主义无疑承载着这一切可能性。然而作为一种境况的虚无主义则是另一回事——它是由各种欧洲的现代性力量、尤其是启蒙运动对神权的挑战而引发的，最近又因为一切价值的新自由主义经济化和人工智能技术而得以加剧。

对韦伯和尼采来说，虚无主义是西方现代性所不可避免的赘生物，当宗教真理及其确保的价值观被理性和科学取代之时,虚无主义就产生了。如果前现代的权威不是一神论的,如果那至上的存在者不是全知全能的,如果理性不是上帝的对手,也并未将其取代,那么意义就不会随着启蒙运动而陷入危机,宗教和传统的权威就不会被科学推翻,理性也不会力求取代宗教这一意义之源。但这种"如果"不仅难以想象,也与欧洲的现代性无关,尼采和韦伯都认为欧洲的现代性是从西方宗教基础的世俗转型中产生的。这些基础受到了科学、计算和工具理性、资本、国家权力等无与伦比的力量的侵袭,它们没有简单地被这场袭击彻底击败,而是被毁成了一片依旧支配着现状的废墟。虚无主义就此从西方一神教长期的现代危机所产生的特定的意义困境中生根发芽,随即逃离。[1] 然而虚无主义在制度和习俗中蔓延和沉积的能力超过了其原初驱动力,由此助长了虚无主义在当代社会和政治景观中的散布。

尼采

韦伯对虚无主义的论述取自尼采,但他所描绘的后果有所不同,与之展开的斗争也有差异。对尼采来说,虚无主义是一种文化历史状况,生于上帝的倾覆,并伴随着一种认知,即无论世俗化的宗教还是其表亲——科学和理性——都无法确保人类的生存或努力的意义。只要这种认知依然为产生它的状况所支配,就会引发一种生命本身并无意义和价值的信念,尼采给我们指派的任务就是在植根于超凡基础上的道德体系之外构建意义并为之立法,以抵制这种信念。虚无主义是我们在这些超凡基础已被打破但创造价值或为价值"立法"的世俗任务尚未被接受之时所陷入的一种状态。尼采由此将虚无主义定义为"一个病态的过渡阶段"——其病状与这场特殊的意义危机中的"宏大的概括、毫无意义的推论"有关。[2] 尼采写道:"一种解释已然消亡;但由于它仍被视为解释,现在似乎根本没有意义存在了,一切似乎都是徒劳。"[3]

在这种历史文化状况下，对于宗教信徒和无神论者来说，接受我们是"有价值的"生灵同样困难。尼采写道：

> 虚无主义者的问题——"图什么？"——根植于一种旧有的习惯，即假设目标必须**由外部**的某个超人的权威来提出、给予和要求。由于对此有种蒙昧的信念，人们仍然遵循着这个旧有的习惯，寻找着另一个可以断然言说并指定目标和任务的权威。**良知**的权威现在挺身在前（我们越是不受神学的束缚，道德就变得越一言九鼎），以弥补人格化权威的丧失，或者理性的权威和社会本能（牧群）的丧失，亦或是历史的丧失，这种历史蕴含着内在的精神和目标，唯有如此，我们才能把自己交托给它……最后是带着一丝答尔丢夫*意味的幸

---

* 答尔丢夫（Tartuffe）是莫里哀名著《伪君子》中的主人公，一个伪装圣洁的教会骗子。他混进商人奥尔恭家，图谋勾引其妻子并夺取其家财，最后真相败露，锒铛入狱，答尔丢夫也因此成了"伪君子"的代名。

福的丧失，亦即大多数人的幸福。[4]

今天，我们还可以窥见那个旧权威的其他替代品——例如对市场、社会正义、自然、异性恋父权制、人本主义或反人本主义的超验真理的信念。然而我们目前还是要考量一下尼采的一个更大的主张，即这些替代品虽旨在驱除虚无主义的后果，但它们实际上都体现了一个在赋予意义方面已然失去锚定之处的世界，甚至就是这个世界的征候。以下是尼采对这一现象最精简的描述之一：

> 无价值感出自这种认识：不能用"目的""统一"和"真理"这些概念来解释生活的特质。生活没有目标，无须达成什么；在事件的多样性中没有支配一切的统一；生活的特质不是"真"，而是假……我们确实再也没有任何理由说服自己相信这是一个真实的世界……简言之：我们曾凭借"目的""统一"和"存在"这三个范畴赋予了世界一种价值，现在我们又把它们

抽取出来——如今这个世界看起来已毫无价值了。[5]

这个表现得毫无价值的世界也是一段特殊历史的结果，那是一段以特定神学的崩溃为特征的历史。这一表象既不是生活的真相，也不是与价值观有关的真相，而是这一过程的结果。因此，尼采接着说道：

> 假设我们已经认识到世界为何不可能再以这三个范畴[目的、统一、存在]来解释，并且基于这一认识，明白世界对我们来说开始变得没有价值了：那我们就必须追问我们对这三个范畴的信念是出自何处——让我们看看是否不可能打消我们对它们的信念。一旦我们让这三个范畴贬值，那么证明它们无法应用于宇宙就不再是贬低宇宙的一个理由了。[6]

我们由此注意到了价值重估在我们对自己的道德原则进行谱系研究时所具有的重要性，

以及在这一谱系研究完结时,我们可能会如何从虚无主义中恢复过来。价值重估需要挑战对价值的起源、它们所服务的利益以及它们所催生的形态的公认理解,众所周知,尼采在《道德的谱系》(*Genealogy of Morals*)的序言中重申了这一挑战。[7]

然而想在虚无主义时代重新确立价值,这比克服关乎起源、统一和目的的自负还要艰难。确切地说,这一困难的核心就是虚无主义对价值的影响。对尼采来说,虚无主义让价值贬值了,包括真理本身的价值,同时又把它们保留在身边。"目的缺失了;这目的就是'为什么?'这个问题的答案。虚无主义是什么意思?就是最高的价值都贬值了。"[8]价值的根基遭到了侵蚀,但其公式和象征仍挥之不去,它们没有就这么蒸发掉,而是变得可塑、可替代、琐碎、可工具化,很容易用来交换超越其自身的目的,同时也变得矫揉造作且夸张。[9]尼采称之为"颓废"(decadence),当代的例子在商业、政治、宗教和对所有人及所有事物的炫耀性品牌化中比比皆是,其中充斥着对文化或社会价值观的肤浅重复。当价值对今天的个人、公司、非营利组织、城市和国家而言变成了对资本的强化时，当它们依附于投资选择、咖啡选择以及运动偶像等各种对象时，它们的庸俗化和工具化就达到了连尼采都未曾料到的最低点。价值被嵌入话题标签、保险杠贴纸、庭院标牌、短期的群体身份认同或广告诱饵之中，失去了深度和持久性，以及与世界观的关系、对行为和良知的全面影响，还有塑造道德秩序的能力。除了将文化差异分门别类（一边是认同女权主义、反种族主义、反殖民主义和非规范性别的主张，一边是认同上帝、异性恋规范家庭和爱国主义的主张），重大的价值都因虚无主义而变得空洞，成了被贩卖的东西。

对尼采来说，价值的贬值也意味着良知力量的剧减。这是为什么？权威价值观所需要的本能或欲望的升华（既有原始的，也有历史和文化塑造的——尼采的拿手好戏！）遭到了削弱甚或颠倒，其结果就是反社会性的爆发。尼采在此的论点很接近弗洛伊德，同样，其例子也比比皆是：解禁——尤其是攻击性的解禁——

无处不在。处在自由民主社会契约核心的良知，无论在其历史上作出了怎样的妥协，现在都被公然抛弃了：立法承诺与对公平、包容、法治和对子孙后代的普遍承诺都被随意丢弃，有时还会受到公开的抨击。按照尼采的观点，虚无主义的后果还包括超个人主义和现时论*。与他人以及与过去和未来的社会契约都被打破，我们陷入了一个单一的、现时的世界。同样，这种形态与过去半个世纪的新自由主义颂词完全吻合：的确，虚无主义不但促进了万事万物的新自由主义经济化，也得到了这种经济化的巩固。尽管如此，霍布斯写于17世纪的宣言——"人的价值就是其价格"——也证明了尼采的坚持，即虚无主义是随现代性而生的，并不是随现代性的衰落而生的。[10]

尼采认为在一个虚无主义时代，真理已与其他所有价值一起贬值了。[11] 真理不止在策略上被宣传压垮、与商业融合、被机会主义的煽动

---

* 现时论（presentism），一种哲学观点，强调只有现存的事物才是真实存在的，过去和未来只是现在的延伸或反映。

性政客或俄罗斯的巨魔农场*操纵、被吸睛标题的驱动力碾碎,它及其表亲——诚实、正直和责任——也无法在价值的去根基化和削弱中得以幸存。这种去根基化和削弱实际上将真理展现成了一种价值,一种有时由事实性(facticity)构成却很难还原为事实性的价值。[12] 科学和宗教间的敌对也助长了真理的滑落;如果宗教不掌握真理,只植根于信仰和需求,那么它也不会需要、称赞或美化真理。然而脱离真理也使宗教变得异常恣意、滥杂,成了生活方式的一个无常统治者,并被一种特殊的政治化所利用,关于这种政治化,我稍后再谈。[13]

真理在文化上和政治上的广泛贬值产生了一系列有可能出现的情感-思想取向,包括犬儒主义、怀疑主义、悲观主义,甚至浪漫主义。对尼采而言,主要的分歧就发生在拒斥宗教和忠于宗教的人之间。他所说的"苍白的无神论者"都生活在讽刺、怀疑论,尤其是他们自身之间。当然,在虚无主义时代,自恋也是一片

---

* 巨魔农场(troll farm),指专门在网络上散播不实言论或发表煽动性评论的网络组织。

第一章 政治

繁荣的领域，对口腹之欲的培养和满足也是如此。在所有价值都被削弱的情况下，只有眼前的满足和安稳依旧不可抗拒。今日这些虚无主义的影响——专注于自我及其欲望和安全——与新自由主义和安全至上的威权主义的治理理性密切相关，这可以解释后两者为何能轻易取代民主。[14] 另一方面，热忱的宗教信徒们紧握十字架，拒斥理智，这使得他们很容易被伪装成真理的虚构叙事利用，并被煽动性政客动员。这两种倾向，亦即自恋的自我放纵和缺乏深度或连贯性的宗教，都体现了罗伯特·皮平所说的欲望的失败，这失败就是虚无主义，是对世界、他人乃至自己生活的无欲无求。[15] 还是尼采，他曾说道："目标缺失了。"

对尼采来说，应对虚无主义，以不同的方式让我们自己适应上帝之死，这需要在一个深刻的非回应性层面培育价值，并力求在世间为了世界而给价值"立法"。这种价值的重塑不是出于慎思或计算性的选择，而是有着类似于厄洛斯*的非理性、非策略性特质。在罗伯特·皮

---

* 厄洛斯（Eros），希腊神话中的爱欲之神。

平的构想中,"一些东西紧抓着我们,一些我们忍不住要关心的东西;如果它是为某种工具策略服务的,那就不是爱,而且……远不只是一种感觉上的欲望。它涉及对所欲求之目的的全心全意的热情投入和认同。"[16] 克服虚无主义并不意味着理性地决定在次序不同的对象和可能性中重视什么(这无论如何都会引发对"被调包的小婴儿[changeling],亦即主体……行为背后的施行者、意愿之前的中性基础"的虚构),而是要从狂热信念的源泉中培育价值,从而补救作为欲望和目标之失败的虚无主义。[17] 当然,这种培育可以由教育、影响或经验来塑造,而且实际上必须对抗作为我们所发现的状况的形态——如果它只是精神分析学家所说的"行动化"*,那就仍然是回应性的。因此,并不是任何一种狂热的信念都可以。尽管如此,这种狂热现在被置于价值的根源之上,就意味着它的后虚无主义变体不仅脱离了神或任何其他的

---

* 行动化(acting out)在精神分析框架里是指病人的一些无法言说的无意识内容通过行动表达出来。用弗洛伊德的话说,就是无意识幻想的直接上演。

绝对权威，也摆脱了我们所说的传统中的文化霸权的再生和浸透。后虚无主义价值缺乏能确保其真理性的基础，也缺乏在各处产生和反映它的同质性文化。即使被广泛接受并成功地立法（"为新价值立法"就是尼采对超越虚无主义的描述），这种新颖性也仍然存在。这种对价值起源的颠倒，从世界的灌输到权力的公开立法，就是马克斯·韦伯将后虚无主义价值的再生定位于魅力型领导力之中的一个原因。[18] 不仅是上帝，就连作为现代性中稳定的权威之源的传统也终结了，法理型权威并不比创生价值的科学更有能力。只有魅力型权力——其灵魂是对一项事业的献身，其诱惑就是其愿景，但它可脱离宗教运作——才有推动自身及其追随者穿过并超越虚无主义的政治潜力。

韦伯

在深入探讨这一点之前，我们需要先驻足考量一下韦伯对虚无主义的历史状况的描述，这一描述既借鉴又背离了尼采的描述，同时也抵斥了尼采的一些解决方案。尼采对韦伯的影响很大，但托尔斯泰的作品，乃至其个人的虚无主义绝望危机在韦伯发展自己对文化、政治和知识中的虚无主义后果的观点时也十分重要。最重要的是，对韦伯来说，权威价值观基础的瓦解不仅削弱了价值观并将其庸俗化，也使得价值观激增并出现了多样化。[19]确保单一的共同真理的权威消失了，韦伯说我们现在的生活就像古人一样，"有时给阿佛洛狄忒献祭，有时给阿波罗献祭……只是如今众神已被剥夺了那些魔幻的、神话般的品质，但这些品质都具有内在的真实性，正是它们赋予了众神如此生动的直观性。"[20]韦伯提及希腊人的话充满了这种意味：在终极价值观无法确定的情况下，我们回到了某种前现代的、前基督教时代的状况，这种状况打破了启蒙的承诺，不仅没有为价值领域的真理加冕，反而将其废黜了。

由于失去了真理的根基，也没有科学和资本主义的支持，自由主义及其涵盖的原则都已变得非常脆弱、岌岌可危。[21]（今日人们常将"观念市场"誉为真理的决定因素，就好像市场和真理永远是相关的,仿佛市场可以保卫和精进真理,而不是滥用和贬低真理,似乎目标定位和钓鱼行为并没有成为所有市场的永久特征,包括观念市场。对此,尼采和韦伯肯定都会为之叹息。[22])如韦伯所说,当"每个人都必须自行决定谁对他来说……是魔鬼,谁对他来说是上帝"的时候,就没有什么能保证自由主义或民主的幸存了。[23]此外,随着价值观的激增、多样化和贬值,民族和国家将不可避免地发生分裂。我们给这种状况起的专名——"文化战争"或政治极化——是误将结果视为原因,因此没有捕捉到韦伯描绘的历史状况。对韦伯来说,道德或政治判断的权威的崩溃才是价值观被连根拔除的主要因素;世俗化和合理化又加速了价值观的腐蚀或贬值。从这个角度来看,当代专家经常提出的宗教-世俗、农村-城市或反动-解放的分歧只是这种状况的表现,而非驱动因素。

无论是价值去中心化所产生的被打破或遭藐视的规范,还是价值激增所产生的社会冲突,都是虚无主义的结果。还有一种特殊的超政治化也是如此:一切都成了争辩政治世界观的符号，或在这场争辩中被打上了烙印。[24] 今天，这种价值观的超政治化（因而也是庸俗化）已然触及了消费实践、家庭形式、家居装饰、枪支拥有权、学校课程、体育偏好和运动员、生态实践、时尚、性实践、性别呈现、饮食和锻炼。这种超政治化不但指引了价值的贬值（它确实在发挥这种作用），还将政治的基本通货——武力、欺诈和对表象的操纵——引入了所有领域。所有地方都盛行着一种粗糙的马基雅维利主义。这里也有本末倒置的问题：道德价值观和知识本身变成了服务于权力目的的工具，这种工具化进一步削弱了这两者的正直和价值。与此同时，法律和宗教甚至也除去了非政治地位的伪装。（想一想司法任命、司法解释和司法决定的日常政治化，以及宗教组织力争摆脱其政治参与的法律限制。）这些后果汇总到一起，加深了人们对真理、道德立场、信仰正直性以及法律作为中立仲裁者和保护者的价值的怀疑。这种怀疑继而又强化了虚无主义力量的漩涡。

最后，还有马克·沃伦（Mark Warren）提出的、韦伯关于"官僚虚无主义"或世俗秩序中"作为虚无主义制度化形式的官僚主义"的隐含论点。[25] 由于官僚体制（以及今天的专家政治）建立在手段和目的分离的基础之上，其存在的目的是提高纯粹的技术效率，因而并不能体现"价值合理性"。它们在形式上对价值是漠然的，尽管这当然不会使其在实践中摆脱规范。当官僚体制开始主导政治这样的领域而不仅是服务于政治目标时，当国家机器变成国家，并用官僚体制的罗网来侵吞和颠覆政治领导力时，官僚体制的这些特征就会获得虚无主义的力量。此外，由于这种权力同时削弱了领导者和制度的权力，"他们打着专业技能的幌子，作出了实际上不负责任的政治决定。"[26] 生来就没有灵魂的官僚体制不仅日渐取代了以价值为驱力的决策和行动，就连价值观本身也无法幸免。

考虑到韦伯已然意识到当代政治生活中虚无主义的多重源头，政治领域在他看来是如何以及为何能成为抵御或克服虚无主义的一个领域呢？宗教和道德权威已然衰落，政治本身也弥漫着虚无主义的影响，而且这些影响还在不断蔓延，在这种情况下，政治生活如何能成为重塑价值、重建维系和践行实质价值观所需的人类正直性的舞台呢？韦伯在《以政治为志业》中的天才之处就在于，他直接切入了虚无主义的困境，并坚持要求政治领导力在这些困境中，尤其是在道德基础的丧失中，以及在所有政治目的与他所说的政治的"邪恶力量"的永久交叠中找到自己的方向，并发展自己的伦理。我们现在就要谈一谈这项工作。

《以政治为志业》

《以政治为志业》的前三分之二是阴郁的，有一种刻意的乏味感，韦伯在其中详述了现代政治中合理化的历史和影响，这种合理化不但催生了官僚和行政的思维方式，也产生了政党机器及其老板、笔杆子和战利品。[27] 他还描绘了这些政党机器与普选制结合的方式，这种结合产生了对理性和事实越来越漠不关心并且渴望被煽动的群众。他们无法理解现代国家内外的复杂关系，因此无法被代表，只能被领导。一个世纪前，有抱负的政治领袖可能还会使用一种"诉诸理性的修辞风格",今天他们"使用的则是纯粹情绪化的语言……以调动群众。"韦伯的结论是,国民投票式民主现在虽是被寄予最大希望的民主,却可以恰当地将其描述为"以利用群众的情绪性为基础的专制"。[28]这是一番阴郁的描绘,意在揭示为何实现普选需要将民主降格为最赤裸的形式。

依照这些状况,韦伯构想了他理想的政治领袖,但其模式也是旨在为政治生活挽回更大的可能性。这是一种从前官僚主义和前合理化的过往中汲取的构想,但在其过程中并不含感伤或怀旧之情。韦伯眼中的政客的"英雄"品质正是在这里显现出来的,这与我们一直在考虑的糟糕的当代政治状况和虚无主义的后果有关。现代性的清醒的政治英雄不是在对抗步步挺进的军队或暴君,而是在抵制官僚主义的麻木、政党的权谋、群众的愚蠢、玩世不恭、失败主义以及与正直、责任、愿景和目标脱离了关系的权力诱惑。这种英雄主义在于愿意奋力度过这片沼泽,同时负责任地追求一项严肃的、有可能改变历史的政治事业。

韦伯认同的适合政治志业的内在品质是众所周知的。他理想中的政治领袖会受到权力的吸引，但不会陶醉于权力。[29] 这种政治领袖满足于自己影响人民和历史的能力，但"每日每时"都在克服虚荣或自恋的诱惑。[30] 他会坚持不懈地致力于实现一种世界观，但既不自私也不执迷，并且意识到每一项事业都关乎信仰而非真理，因此颇为谦逊。他的力量植根于个人魅力，其行动则以克制和远见卓识为标志。他在具体环境中是合乎伦理的，不会遵循那些悬置或忽视情境和行动后果（尤其是意外后果）的原则。[32] 他有坚韧的毅力，能在无尽的挫折和深切的失望中坚持到底。[33] 他还会抵制玩世不恭、宿命论和绝望。

这每一种培养出的品质或习惯都是在回击合理化和虚无主义对价值的损害。每一种都是以一个世俗目标为中心，避免自我满足和廉价的奇观。每一种都将政治欲望视作在世间铭刻其愿景的希望；每一种都始终将其权力或声誉的培养紧紧绑定于这个世俗目标之上。综上所述，这些品质、其蕴含的张力和它们克服的阻碍都表明韦伯的理想政治家形象中并没有任何有机的成分。这种形象不是它所处的状况中所固有的，尽管它必须知晓这些状况；毋宁说它是从一种"使命"和罕见的内在潜能中精选出来的。对于这种组合，韦伯只用有限的词汇形容过——"一项事业"，加之以谨慎、负责任的方式追求这一事业的"克制""坚韧"或"清醒"的品质。虽然他竭力让这些品质与个人魅力保持一致（稍后再详谈这一点），但清醒、克制和毅力几乎算不上个人魅力最常见的特征。与之类似的是，韦伯既利用了以世俗工作侍奉上帝的新教理想的世俗化残余，同时也摈弃了那位全能者，取而代之的是令人信服但最终还是无根的世界观。韦伯也没有将这个形象与"本真性"绑定，对于他那个时代对真实性的狂热，他直斥其软弱、放纵或颓废，与他力图拔高的成熟、禁欲、纪律、克制和对世界的坚实真理的反抗正好相反。[34]

简言之，韦伯心中的政客源自世俗化和建构性的天职，这种建构主义太过显白，所以他并未费心强调这一点。[35] 政治的可能性不是源自辩证法和内在性，也不能为社会科学和宗教所理解，它出自身具精神、力量和耐力的领袖，他们能负责任地追求一种充满激情的公共目标，以抵御虚无主义时代的所有特征。这就是韦伯下的赌注：不是革命性地推翻现有势力（他担心这只会产生另一种统治机器），也不是向他们投降（这只会让虚无主义这株植物长得愈发强韧）。同时并不退出政治领域，以在精神领域或其他存在领域为人类这个集体寻求意义和价值。与之相反，只有负责任的魅力型政治领导力才能重塑和赎回人类依照创造价值的能力来塑造或指导共同生活的独特能力。

为什么是魅力？韦伯在克服政治和政治文化中的虚无主义或围绕其展开工作时，借鉴的哪些内在气质和外在品质的元素是我们今天格外质疑的？韦伯无疑在一定程度上试图利用当时人对煽动的需求，却又不屈服于这些需求，他只是为这些需求重新指定了方向。但也不止如此。在韦伯描述的三种著名的权威——魅力型权威、传统型权威和法理型权威——之中，只有第一种是通过挑战当下的给定性、权力和常规及其罗经点和假设才获得了人们的服从。

只有个人魅力能用另一种愿景与主导当下的力量和机制竞争。只有个人魅力能挑战一个没有另一条意义轨道的祛魅化世界。按韦伯所说,个人魅力正是通过扰乱日常生活和给定事物来强行描绘另外一种事物或一处所在。它拒斥沉沦的当下,并且提供了一种能证明这种拒斥之正当性的愿景,以抵制虚无主义的价值萧条。它还抵制了制度化虚无主义的灵魂缺失,因为它已从制度化、行政和常规化中抽离,重新联结了政治生活与理想和行动。

魅力型领导力是由领袖所宣扬或体现的价值观的压倒性魅力品质来定义的,就此而言,魅力型领袖不同于纯粹的煽动性政客。在非马克思主义的革命意义上,魅力也挑战了法理型权威的价值消耗特征。在重塑世界的过程中,它也有望重新赋魅(re-enchant)。按韦伯的说法,魅力型领导力不同于其他的革命性形式(更不用说司空见惯的好大喜功)之处,就在于它的"内在决心"和"内在约束"的特殊平衡,这两者有时也被译为自主和自我限制。[36] 个人魅力不可能出自自我膨胀而不崩溃(这种崩溃是指自我将不再是事业的载体,而是成了事业本身),但它也不可能变得正式、规范或制度化而不消亡(制度化将牺牲这种伪装)。[37] 魅力的必备条件及其大部分力量都来自热情的决心和克制之间的这种至关重要的张力。赤裸裸的决心本身很容易腐化或压倒事业,亦或变成无所顾忌的野心。单一的克制则会导致温和、妥协或不愿采取行动。但若是决心和克制结合并形成张力,这就是居于魅力型领导力核心的创世之力。这种张力也将体现在韦伯为政治行动构想的独特伦理之中。我们稍后就会考量这种伦理,它结合了"炽热的激情和冷静的分寸感",以实现他所说的针对一个人的事业的"训练有素的无情"(有人称之为政治康德主义)和"与人与事物的距离"。[38]

韦伯从尼采那里借用了对事业的激情、克制、决心、分寸感和距离的感染力,并改造了它们,剥离了它们的贵族气质,注入了禁欲主义——这些共同挑战了虚无主义文化的去升华的侵略性、琐碎的关注点、怨恨、自我陶醉和对马上满足的渴望。这些特质与韦伯眼中当时其他的政治样式——行政管理、条文主义或技术官僚的取向——也是对立的,还有悖于他所贬斥的革命者的"无结果的兴奋"、纯化论者和乌托邦主义者的"天真的理想主义,"以及哗众取宠者和自恋狂的"轻浮的智力游戏"。[39]

然而正如我已经暗示的那样,尼采和康德的这种融合——一种旺盛的权力本能和激情与无我和禁欲式克制的融合——充其量也是尴尬的。清醒、顽强、负责任地追求一种客观的事业并不是激情的寻常形式,尤其在一个虚无主义时代,"内在的庄严"格外短缺,"任由自己沉醉于浪漫感觉的夸夸其谈者"却司空见惯。[40]因此,韦伯描绘的举止和风尚(ethos)需要将激情从其自然过程中抽离出来,延缓或完全否定对它的满足,并将其渲染为"一种保持距离的习惯,从各种意义上讲都是如此"。[41] 韦伯以这种方式构建了一个近乎不可能存在的形象:一种带有强烈权力本能的魅力人格,其活力却只是出自对这个世界的关切,其日常工作则是"强劲而缓慢地凿穿硬木板",对抗既有的权力机器,并且克制、清醒、超然,且极其负责。

在进一步探讨这个问题之前,我们需要问一问,为什么韦伯要借责任而不是理性来驾驭政治激情,尤其是在虚无主义和煽动言行都让理性变得稀缺之时?在一个工具合理性主导的时代,不管目标是什么,理性本身都只会将计算或合理化加入目标之中。激情与工具理性相结合,会导致最危险的政治倾向,在这种趋势下,目的能证明手段的正当性,一切——法律、个人、宗教、原则——都可能被工具化或遭到削弱,为有损于它们原初价值的目的服务。因此,要在不扼杀政治激情的情况下对其进行引导和拖延,需要的就不是计算的理性,而是一种独特的责任伦理,即对一项行动的所有结果负责,特别是附带的和无意的结果。

除了避免工具主义,责任伦理还旨在遏制虚荣,这是"一个人心中……所有对事业的奉献和一切距离感的死敌。"对韦伯来说,虚荣代表着这样一种时刻,即任何政治行动者身上都必不可少的政治权力本能压倒了事业,变成了"自我陶醉"。[42] 虚荣也意味着不认为应该远离一个人试图在历史上留下的印记,以及一个人为此目的而支配的权力。当一名政治行动者成为事业本身而不是事业的载体时,反身性*、超然、克制以及最重要的责任就会逐渐消失,权力的兴奋感则会占据中心舞台。

韦伯详细阐述了虚荣的问题,因为他认为虚荣不仅是某些人格的属性,也是政治中的流行病,在虚无主义盛行之时尤其如此。当煽动性政客被迫为'结果'而出手时……他总是同时有可能变成行动者和对自己行动的责任太掉以轻心。"韦伯在这里所作的判断是激烈的:"虽然,或者更确切地说,因为权力在一切政治中都是无可回避的工具,所以对权力的争夺是其驱动力之一,但当一个暴发户趾高气扬,吹嘘自己的权力,自负地陶醉于权力所反映的荣光中时,政治能量就会形成最具破坏性的扭曲。"他谴责了这种姿态所体现的"对人类活动之意义的贫乏而肤浅的漠视"。[43] 它表达了一种纯粹的虚无主义,对自身以外的任何事物都缺乏信念,加上相应的责任缺失,就构成了"政

---

* 反身性(reflexivity)即个体或社会行动者在行动与反思之间形成的自我指涉和相互影响的循环关系。

治领域的两种死罪"。[44]

除了虚荣的问题,韦伯关于责任的独特政治伦理的论点通常都被解读为一种回应,即回应行动在一个充斥着"邪恶力量"的领域内造成的不可预测的结果(他称之为"行动的悲剧"或"政治的伦理非理性"),其中尤以暴力为甚。[45] 因为它将对权力的警觉与信念的深度联结到了一起,这种伦理是韦伯为应对政治生活的进退两难而提出的——一边是纯粹的权力政治,一边是还原为道德或伦理原则的政治。这一论点还旨在质疑合理化和虚无主义,前者吞噬着自由和伟大,后者则将政治还原为不正当的权力行使、无责任的暴力,从而将价值工具化,并由此进一步贬低价值。世俗主义粉碎了价值的根基,理性主义摧毁了它们的地位,虚无主义摧毁了它们的深度和尊严,此后,与领导力绑定的责任伦理的目标就是让价值重居中心,并将政治作为它们的领地。因此,这种伦理不仅为个人所有,也是韦伯提出的一种风尚,可以助力将政治恢复成"为争夺终极价值而斗争"的领域,同时避免将价值武器化(从而贬

第一章　政治

低价值）或合并政治与宗教领域的对抗性风险。这种气质对于在解决虚无主义的规划中嵌入价值至关重要，这在个人和社会中都显而易见。它试图在一种伦理上不合理的秩序情境中重新确立责任，在这种秩序中，我们目标的实现永远不在我们的掌控之下，但会保留我们的作者身份（authorship）。这些后虚无主义战略中的每一种都值得更仔细的检验。

关于责任伦理的讨论虽在《以政治为志业》的尾声才出现，但此前就已提出。韦伯在这次讲座一开场就将政治狭隘地定义为一个政治组织（"亦即国家"）的领导力，然后奇怪地宣称，现代国家在社会学上只能根据其特有的手段来对其作出规定，这手段即它对人身暴力的垄断。[46] 韦伯很清楚国家乃至其特有手段都不止如此；他在随后的章节就专门介绍了国家的崛起和巩固、机构和制度，以及它们独特的政治生活组织。他还将国家的目的等同于民族的荣耀。那为什么要以其对暴力的垄断来定义国家呢？

在某种程度上，韦伯将重点放在暴力上，是为了引出他对社会主义、革命的马克思主义和基督教战争和平主义的批评。他认为这些信条虽路径不同,但每一种往往都虚伪而危险地于将其形式上的德性与该信条和暴力的重合之处隔离开来。更宽泛地说,韦伯关注的是当政治目的可以为任何手段辩护时所造成的破坏,这是工具合理性时代的一种强烈趋势。既然规定了政治是以国家为中心的,而国家是以暴力为中心的,那么重要的就是将现代政治生活的终极手段——国家暴力——重新缝合到所有政治愿景或规划之中。这种重新缝合强调了暴力的故意使用和意外发泄就是政治不可避免的特征。这两者在所有政治行为和事件中都挥之不去,无论其目的是领导、夺取或捣毁国家,还是防止、发起、加入或终止战争,亦或创立、改进或推翻一项法律。韦伯在他对政治的描述中也是将暴力作为中心,但并没有肯定暴力是政治的本质——它仅仅是一种工具,为价值展开的斗争对他来说才更加重要。然而对于这位研究手段吞噬目的之能力的大师来说,工具从来都不能用"仅仅"来形容。因此,他的目标是把那些执着于原则或捍卫自己行为却不提及

工具的人推开,然后把他们身下的椅子拿走:

> 任何想参与政治的人……正与潜伏在每一次暴力行为中的邪恶力量建立关系。那些拥有超凡脱俗的善良和对人类之爱的大能者,无论是来自拿撒勒、阿西西,还是印度王室,*都从来没有以政治的方式行事,亦即使用武力。他们的王国"不属于此世",但他们古往今来都在此世发挥着影响……任何寻求拯救自己和他人灵魂的人都不会以政治为途径,因为政治面对着截然不同的任务,只有使用武力才能完成这些任务。47

韦伯不仅告诫人们不要混淆正义与政治站位,也不要混淆宗教与政治,还将政治领域中对纯粹原则的关注斥为一种随之而来的范畴错误。如果政治领域确实充斥着邪恶力量,亦即有组织的人类暴力,那么假装并非如此就不仅是天真,也是不负责任。韦伯知道,他的听众

---

* 分别指耶稣、圣方济各和释迦牟尼。

中有很大一部分都会这样假装。韦伯的思想目的就是将责任伦理阐述为政治所独有，从而打断这种装腔作势。但他的实际目的则是让行动者承担对手段和目的这两者的责任，同时保持它们在分析上的区别。行动或行动者也都要对这两者都负责，而政治则始终兼有这两者。因此，旨在确保或强化自身权力或事业的抽象原则或露骨计算都不能在后虚无主义的风尚或政治行动中占有一席之地。

　　韦伯将责任伦理与另两种伦理进行了知名的对比。其中一种被他称为"绝对伦理"，涵盖了一些与基督教的德性或非暴力原则等道德准则紧密绑定的行为。这一伦理的信徒忽视了"行动的悲剧"，即动机、目的和结果之间的区隔，韦伯认为这一区隔构成了政治领域的伦理非理性，它无法与意图能决定行动和结果的理性秩序相一致。[48]正是因为这些区隔，才有必要对后果——尤其是无意的结果——承担严苛的责任。这严苛的责任禁止将"哎呀，我不是故意的"当成借口，来为一次行动造成的任何结果开脱，无论那是有意还是无意的。绝对伦理，或者他偶尔提到的"信念伦理",与其说是反驳,不如说是否认了政治这一维度。韦伯说,这种伦理还时常谴责世界"太过愚蠢或卑鄙",到了人的原则无法说服或影响的地步。因此,绝对伦理也揭示了它是一种怨恨政治的形式。

对于责任伦理的第二个陪衬——即韦伯所称的"终极目的伦理"——对政治的伦理非理性的拒斥截然不同于"绝对伦理"。终极目的伦理遵循的不是原则,而是对一种理性理想的信念,在人们通常的想象中,这种理想并未受到权力和党派性的扭曲。简言之,这是个乌托邦的问题。因为这种理想是理性的(或美好的,完美的),任何达成这一理想的手段都可以被其信徒视为正当。韦伯在此主要是指布尔什维克主义。然而接受了帝国或殖民文明之使命的自由派政客,以及从皮诺切特到撒切尔这样的新自由主义政客,无疑也很容易受到这一指控,因为他们都曾为国家暴力和其他附带的伤害辩护,以实现其理想秩序。

绝对伦理的政治施行者会将政治行动还原为原则,而终极目的伦理的政治施行者则是用目的论或末世论的说辞来表达政治行动。两者都危险地将手段与目的分离开来，并且回避了作为政治永久特征的具体权力、党派性和"行动的悲剧"。两者都推卸了自己对行为和主张的责任。此外，如果两者都将行动的伦理维度高度个人化，那么从将一切都指为个人动机或目标这一意义上来说，它们也会使行动的世俗性——它在与之相交的世界中由这一世界所引发的转变——去个人化，转而将原则或理性视为主导行为的意义。这也回避了政治中的责任，在政治这个领域，目的和结果很容易就会分离，而且"政治活动的最终产物事实上往往完全没有公正地达成其初衷，甚至有可能会歪曲其目的，这是理所当然的事"。[49]

不过韦伯还是得出了这一著名结论：只有结合了信念伦理与责任伦理的人才真正能从事政治这一志业。[50] 只有一个人"感到自己要全身心地为自己行动的结果负责"，又坚持不懈地投身于一项事业，他才能成为政治英雄。[51] 那么这两种伦理要如何在一个单一的存在者和一系列实践中耦合呢？韦伯用这些词给出了答案：成

第一章　政治

熟、清醒、大丈夫气概、克制,以及能够承受压倒性的失望却不哭泣、玩世不恭或退缩。[52]这是"不顾一切"坚持下去的能力。[53]这是贯彻政治计划时的"分寸感"。[54]这是尼采那复杂的"距离感染力"的转变——从一种基于类别的感觉转变为普遍的"自我与事物的距离",亦即对一个人的事业及其追求的奇怪的客观性。这种距离或客观性将一个人绑定在其事业以及驱使他实现这一事业的力场(force field)之中,并通过一些无关痛痒的(正义且超凡脱俗的,但也是愤慨的)或不顾一切的姿态或立场来抵御满足自己或他人的诱惑。

尽管如此,有时候信念还是至高无上的,韦伯以路德的坚定决心来表现这样的时刻:"这就是我的立场,我别无选择。"* 不过这种对路德名言的引用多少有些误导性,因为即使在这里,最关键的也不是德性或在政治领域拯救自己的灵魂,而是这样的事情:避免与邪恶力量达成政治共谋,或者利用环境来努力创造新事物。

---

* 这是马丁·路德于 1521 年 4 月 17 日在沃尔姆斯帝国议会上向要求其改变主张的神圣罗马帝国皇帝申述自己的信仰时所说的话。

在这些情况下,即便会出现一些多余的或未知的结果,这风险可能也值得一冒。[55] 但韦伯还是竭力地避免将这种情况与纯粹原则的迸发和对责任的漠视相混淆。

> 当一个成熟的人——无论年纪大小都不重要——全身心地感受到他对自己行为的后果所承担的责任,并以符合责任伦理的方式行事,以至于会说出"这就是我的立场,我别无选择"这样的话,我就觉得这实在令人动容。[56]

那么我们的立场是什么呢?是重量感、觉知、对苦难的忍耐,而不是尼采用以应对虚无主义的欢乐和笑声。是建造而不是破坏。是避免怨恨、利己主义、复仇,乃至寻常的保全面子——所有回应性的、徒劳无果的诱惑。最重要的是,后虚无主义政治行动者的伦理要求一个人为愿景牺牲自己而不是他人,并坚定不移地拒绝以虚无主义的方式将政治生活还原为个人的利益、优势、权力或安全。然而责任伦理矛盾地呈现了政治生活中"终极价值"的本质，注入了一套艰深的政治认识论的承诺来重申人的自由，由此也代表了一条虚无主义的路径。让我们更仔细地考量一下这种认识论政治吧。

认为自己的价值观是正确的，就已经是在践行韦伯所批评的某种绝对伦理。反之，承认一个人的政治价值观是真诚的信念，则会激发出韦伯在负责任的行动中寻求的距离感染力。在一个自始至终都带有党派性的领域里，这种对一个人所争取的终极价值的偶然性的矛盾的肯定，构建了一种分寸感，这种分寸感继而又在信念的场域构建了责任。因此，人们认为韦伯可能采用了尼采的一个标志性举措，就此举措而言，同时拒斥科学的无实质自负和宗教的绝对论正是重建客观性及其根基的关键。对尼采来说，只有视角主义*才允许解释超越解释者的可能性，只有肯定情感才有可能在认识中产

---

*　视角主义（perspectivism）是一种强调知识是认识者和对象之间相互作用，依赖于多种因素（如生物、心理、文化、语言等）的认识论观点。这种理论突出了知识的主观性和相对性，认为不同个体或不同文化背景的人对同一事物可能有不同的理解和认识。

生反身性，只有视角和情感相乘才有可能得出客观性的近似值。（"只能从某个视角去看，只能从某个视角去'认识'；越是允许带着更多情感去谈论一件事，我们就能用更多的、不同的眼睛来观察一件事，我们对这件事的'概念'、我们的'客观性'也就越完整。"[57]）对韦伯来说，只有考虑到终极价值的无基础和不可调和的性质，才能使它们从虚无主义的贬值及其带来的工具化、庸俗化和超政治化的破坏性后果中恢复过来。

换句话说，责任伦理要求不心怀自负地行动，这种自负即认为历史和人性带有自然或必然的伦理形态或目的论，亦或是通过纯粹的意图、理性或宗教展现的。这种伦理同时限定和肯定了政治是一个可以让价值被表达、争取和被情境转化的领域，而不是实现原始价值的场所。信念伦理和终极目的伦理都拒绝这一点，这就是为什么这两者都是不负责任的，也与政治无关。

话虽如此，韦伯的伦理对他认为在这个理性化时代正在消失的人的灵魂提出了令人难以

第一章　政治

置信的要求。他不但要求我们时刻意识到我们信念的偶然性和实现这些信念的巨大障碍，还要求我们完全献身于这些信念，把我们的人性和自由都寄托在这种奉献之上。只有在这种形式下，价值观之争才能弥补已被虚无主义毁伤的欲望，并且避免虚无主义境况所煽起的颓废、不负责任和现时论。需要明确的是，这种与激情绑定的反身性、责任和克制的实践与相对主义、主观主义或攀爬"共情墙"*毫无关系。准确地说，它是一种前所未有的认识论-政治意识，在这种意识中，我们知道自己的价值观在时间、地域和精神上都是定位的、带有偏向性的，但凭借这种意识，我们依然会投身于这种价值观。这种对政治斗争复杂本性——从一个人激情的政治信念的偶然性，到为它们展开的斗争所牵涉的暴力以及必须对暴力承担的责任，再到为自己的事业而斗争所需要的恒心和耐力——的后虚无主义肯认就是"清醒""成熟""英雄精神"和"大丈夫气概"这些词对韦伯而言所承

---

* 共情墙（empathy walls）是指阻碍我们深入理解他人的隔阂，它会让我们排异甚至敌视文化背景相异的人。

载的意义。

行动的悲剧所形成的政治生活的伦理非理性、支配着当下的合理性，以及一个世俗时代的价值观在认识论上的不可判定性——对这三者的意识也将政治困境、政治可能性和政治危险置于了独特的光芒之中。当这三者不再被从历史状况和偶然信念中抽象出来的道德或行为逻辑来衡量时，对学者来说，它们就以各不相同的方式变得清晰起来了，对行动者来说，当它们摆脱道德摩尼主义*和纯粹的权力政治时也是如此。[58] 韦伯所规定的伦理还有两个目标，一方面是将政治生活从被个人崇拜和怨恨心态压倒的状况中挽救出来，另一方面则是让它从被官僚化和合理化压倒的状况中恢复过来。这继而又开创了一种可能性：着眼于未来，而不是深植于（对过去或当下的）怨恨或对个人和当下的虚无主义信念之中。

最后，韦伯的政治复兴方法既是要恢复自由，通过合理化使其免于毁灭，也是要将自由

---

* 摩尼主义（Manicheanism），一种善恶二元论。

从其虚无主义的堕落（即自由变成了不负责任的许可证或针对社会结构的武器）中挽救出来。要理解这种恢复，我们就必须意识到韦伯在其作品中为自由提供了两种完全不同的意义和实践。韦伯那种有关行动和合理性的社会科学类型学在一个相对机械的自由主义框架中将自由定义成了对行动没有约束。例如，工具合理性比其他类型的合理性更自由，因为它不受道德约束。然而在别处，韦伯又坚称自由的源泉是"灵魂"，它涉及过一种我们选择的生活，遵循我们的信念生活，简言之，支配自我，并借此实现自我。正是这第二重意义使得韦伯将天职与自由联系了起来，甚至将其置于自由的核心。当我们遵循我们有意识地重视或感到受其召唤的使命生活时，我们的生活在某种程度上就是自由的，即使在艰难或受限的状况下也是如此。

在一定程度上是由机械的自由形式（对宗教和传统权威的摆脱、工具合理性的兴起）的扩张的力量和场域所产生的虚无主义，正威胁要消灭带有灵魂的自由形式。这就是韦伯的故事，其中讲述了资本主义、工业化和官僚主义以及祛魅和无处不在的合理化，它们最终共同催生了那个温和地笼罩了我们所有人的"铁笼"。[59] 这个与国家的囚禁权无关的铁笼同样削弱了自由的活力。它的独特性不仅在于它是通过各种形式的合理性产生的，或者它有着普遍的影响，也在于它是由一种形式的自由的偶然结果造成的，而这种自由摧毁了另一种形式的自由。在合理化用工具性计算束缚了内在自由的同时，起初不过是"手段"的经济和行政体制最终也将自由转化成了自由的对立面。这两种形式的自由不仅不同，也相互抵消了。作为不受约束之力量的自由创立了一种秩序，在其中，我们主观上和实际上多半都丧失了一种自由，即根据我们选择的或至少是肯定的价值观来单独地或集体地打造自身和世界的自由。

韦伯在《以政治为志业》中所作的大胆尝试就是要求英雄领袖抵抗破坏内在自由和价值合理性的势力，从而使政治本身从他那个时代纠缠着它、又在我们的时代蹂躏着它的虚无主义动力中恢复过来。韦伯将为充满激情的政治愿景而展开的斗争置于政治志业的核心，又将政治志业置于抵制其合理化和虚无主义堕落的先锋位置，因而在这种政客身上寄托了并不止于行动中的领导力的更多要求。确切地说，这个形象承载着拯救人类本身的希望，亦即使人摆脱某些力量的影响——这些力量正在摧毁人依据有意识选择的价值观来创造世界的能力。这个形象还要将自由从资本主义和行政管理的机器（制度虚无主义）和没有灵魂却自恋的权力游戏（个人虚无主义）中拯救出来。如果说当代政治充斥着这两者，如果韦伯最大的恐惧就是虚荣而自恋的煽动性政客所操纵的巨型统治机器，那么政治就是这两者仍能受到抵制的场域。

韦伯的这场论述政治志业的演讲本身就是通过恢复政治的古老含义（即为"我们是谁"和"我们应该做什么"而展开的斗争）来应对虚无主义的一种实践，同时他在其中也接受了这场斗争明确的当代特质。[60] 它的目的是使政治在上帝死后得到救赎，其途径不是清除政治中的邪恶力量，而是重新确立政治生活中的价值观的价值，以对抗其中的现代主义困境。通过这种方式，韦伯也让政治变成了人类可以再次承担责任的场域，不仅是对自己的行为负责，而且要在这种能力受到威胁之时对世界负责（这威胁一方面在于人类产生的一些力量——资本、技术和有组织的政治暴力——已经脱离了我们的掌控，另一方面也在于虚无主义使政治沦为赤裸裸的权力游戏）。韦伯要对抗这两种威胁，这样人的目的和责任才有可能重新主导世界。今天，当这些由我们产生却不由我们掌控的力量不但威胁要支配我们，而且要消灭我们和地球上所有其他生命之时，还有什么比这种对抗更加重要？

尽管韦伯意识到了这个计划前景黯淡，但绝望的解药并非希望，而是坚毅——情感、精神和实践上的坚毅。这种品格上的要求不仅针对政治领袖，也延展到了所有关心政治生活、正义或未来的人。他说我们大多都是"偶尔的政客"，也就是对政治感兴趣或因触动而参与了一些辩论或竞选活动的人，他的结语也是说给这些人听的，他们"既非领袖也非英雄"，但仍然必须"用一颗坚定不移的心武装自己，以免因一切希望的破灭而气馁"。只有那些"精神不会被打倒,即便世界……证明了自身太过愚蠢或卑鄙,以致无法接受他想给世界提供的东西……却还能说出'无论如何!哪怕如此!'的人"才适合从政。[61]"无论如何"或"哪怕如此!"并没有跨过虚无主义的困境,而是靠严肃、正直、忍耐和负责任地行使权力以力求改变世界的事业来抵制虚无主义掏空世界的力量。我们现在离尼采已经不可能更远了。

左派眼中的韦伯

魅力型领导往往会担心(如果还算不上排斥)左翼和自由派思想家。激进民主派对领导力这种不可避免的等级制形态心怀焦虑。自由民主派对其可能侵犯代议制心怀焦虑。哈贝马斯主义者也有一种焦虑,觉得作为政治能动性和动员之源的理性已遭摒弃。人们普遍担心魅力型领导力预示着专制主义的危险,唯恐与这种领导力眉来眼去会滋生不受制约的权力,或使这种权力合法化。因此很多进步人士都在谴责今日的左翼民粹主义，而不仅仅是过去的列宁主义。还有一些人则在捍卫无领袖的社会运动、没有明确或统一要求的起义，亦或横向主义[*]和全民政治[†]。[62]

可以重视这些对魅力型领导力的担忧，但不能被这些担忧完全影响。魅力是政治生活中的一个无可争议的强大元素，它具有煽动和激励、鼓舞和动员的能力，尤其是能发挥超越日常事务的领导力。在右派用魅力为自己牟利之时，左派却弃之如敝履，这是在遵循韦伯警告过的那种德性政治风尚，注定是要失败的。尤其是自由主义中间派有时似乎情愿让世界陷入火海，也要紧抱制度、程序主义[‡]、理性和文明。然而这里的错误不仅仅是务实性或策略性的。拒斥魅力型领导力，是为了维护以结合政治和理性为基础的、现代性对自由的独特承诺，却

---

[*] 横向主义（horizontalism）是指一种组织管理理念，强调组织内部各部门之间的平等、合作和沟通。
[†] 全民政治（sociocracy）是一种强调共同决策和合作治理的组织模式。在这种模式下，所有成员都有机会参与决策过程，并且鼓励平等、透明和问责。
[‡] 程序主义（proceduralism）强调遵循既定程序和规则的重要性，认为这是实现公平和正义的关键。

因此误解了政治和理性。这种误解所设想的政治辩论是没有修辞力量的，只有基于证据和逻辑的可靠性才能占据上风。它所想象的理性处在一个抽象的、自主的语域中，独立于文化定位、各种形式的合理性及其特定话语。最重要的是，它所想象的理性独立于欲望，甚至对立于欲望。

这些都是重大的误解。此外，他们还会用理性来圣化左派，并且专门用虚假意识*或恶意——贪婪、各种至上主义或以正义和正当为幌子的权力野心——来抹黑右派。他们由此再现了知识分子的蔑视态度，很多倾向右派的人对此感到愤怒，右翼政客们则利用了这一点。他们还将左派的价值体系与真理相统一，否认这个体系中存在激情、怨恨、权力意志和历史偶然性。此外，由于误以为政治剧场是一间学术辩论厅，左派不敢把自己充满激情的信念编织成一个令人信服的未来，也不敢抓住机会来

---

* 虚假意识（false consciousness）在马克思主义意识形态理论中是指那些与物质生产力和社会关系不相符、通常服务于特定阶级利益的思想和观念。

打击、利用或借鉴敌人的激情。左派的理性主义者只会道出右翼计划中的虚伪和虚构，或者揭露其罪恶的资金流或关系网。在这方面，左派总是处于被动状态，为自己的失败和不断缩小的地盘感到困惑，而其敌人如今则越来越公开地在与威权主义和法西斯主义互通款曲。

重点不是说左派应该学会玩阴招。或者用情感代替深思熟虑、有据可依的论证，用谎言代替真理，用方便的虚构代替科学。或者遵循索雷尔主义*的非理性主义和对神话的盲目信仰。这一切都将强化虚无主义，加速民主的终结，错失挑战这种助长了当前困境的二元性的机会。毋宁说，重点是我们需要放弃政治领域中理性和欲望之间的对立，以及这种自负：理性有可能击败政治中的欲望，或者概念上的哲学提炼或科学可以解决政治问题。最重要的是，我们需要放弃一种观念的所有变体，这种观念即只

---

* 索雷尔主义（Sorelianism）是由法国哲学家乔治·尤金·索雷尔（Georges Eugène Sorel）提出的一种政治理论，强调神话和暴力在历史过程中的创造性作用，主张通过动员非理性力量来进行暴力革命，以实现社会主义。

有虚假意识才会阻碍大众认识到他们在平等和解放方面的真正利益,并为此付诸行动。大众通常是既不想要平等,也不想要解放;他们的欲望是在另一条路径上发展的,而挑战就在于驾驭这些欲望并改变其路径。欲望不是无限可塑的,但如果它得到了理解并因认同而满足,就可以被精心设计和重新定向。

我们的任务就是将对欲望的关切不断融入政治思维、行动和说服之中,无论我们是在分析气候否定主义*和对堕胎的反对,还是在塑造一场旨在跨跃僵化的政治两极化的运动。我们如何才能调动对舒适生活的欲望,以建立一种支持而非危及生命(包括人类和非人类)的秩序?我们如何才能调动对无辜生命的关爱,以保护各种脆弱的生命?我们如何才能调动对尊重和归属感的渴望,以抵抗无处不在的从属、屈辱和卑微的力量?

对政治欲望的关注将我们带到了左派思想家——索雷尔、葛兰西(Gramsci)、马尔库塞

---

* 气候否定主义(climate denialism)认为全球气候变化是不存在的,或者人类活动对气候变化的影响被夸大了。

（Marcuse）、斯图亚特·霍尔（Stuart Hall）等人——的轨道附近，他们都期望文化和情感能取代和补充经济主义*、自发性和理性，成为大众革命热情的源泉。这种想法无疑与韦伯本人的内心相去甚远，其中尤以索雷尔主义的那种迷恋暴力、认为神话重于逻各斯的特质为甚，但也不止于此。不过韦伯对魅力型领导力的独特构想可能也正是这一传统之所需，能使其更加负责、更有说服力也更切合当下。韦伯坚称，只有魅力型政治领导力才能有效地为政治领域重新赋魅，用挽救人类塑造世界的力量的愿景和行动形式打破这一领域的统治机器。基于内心的纪律和克制，魅力型领导力背负了对这个独一无二的政治剧场中的事件链的无情责任，这既导向了对另一个世界的革命热情与对此世生活的关注的联结，也为这种联结提供了模型。韦伯心中的英雄远不会出于冲动或本能而行事，遑论虚荣心或对一项事业的崇高伦理价值的信仰了，这种英雄会慎重对待其权力和坐标，同

---

* 经济主义（economism）是国际工人运动中的一种以追求眼前经济利益为目的的机会主义思潮。

时顽强地探索通往新的权力和坐标的道路，以打破现状。这一形象呈现了一种既不符合神话也不符合乌托邦的革命希望，同时打破了当下的公开封闭。

韦伯认为，在当代政治领域，清醒、负责任、有目的的领导力就包括：认识到抵制（当然还有克服）在统治中能提供各种替代方案的各种形式的合理性和合理化有多么困难；承认暴力是政治领域的最终手段，权力则是该领域唯一的通货；意识到一个人的事业的偶然性以及意图和结果之间的距离；以及致力于唤醒人们对某种信仰和希望的渴求。这些也是左派政治不可或缺的要素，要摒弃宿命论和抵制虚无主义将这些要素结合起来便显得尤为重要。虽然我们一直聚焦于它们在领导力中的体现，但这种体现也可以是一种政治教育形式。充满激情又承担责任、富有远见又周密谨慎、鼓舞人心又保持清醒的领袖对社会运动和公民都可带来教益。

这就是说，政治教育及其与欲望的复杂交织不能仅限于政治领域。如果韦伯是对的，亦即政治世界观——"价值观"——是从复杂的信念和欲望中产生的,如果虚无主义代表着一场欲望的危机,是一种热爱此生和此世的僵局,那么情感或信念的教育就成了开创后虚无主义未来的基础。这种教育变得至关重要,因为我们抛弃了这样的自负:我们的价值观是对的,我们对手的价值观是错的;政治价值观是一个发现而非立法的问题;理性或利益会自然地对抗各种诱惑,这些诱惑来自威权主义或欺骗,不可持续的物种、种族、性别至上性,或虚无主义式的自由(这种自由的虚无性就在于它们在任何意义上都无助于生活)。韦伯的立场是对自由派和马克思主义者的反驳,它提醒我们,合理的论点和有说服力的证据本身并不能对抗大众的恐惧和沮丧、信念和向往。毋宁说,那些投身于一种更公正的可持续秩序的人的任务就是点燃和培养人们对这种秩序的欲望,并将这种欲望建构成一种世界观和可行的政治计划。[63]

于是我们从虚无主义和政治行动的问题开始,又落脚到了教育问题上,这个问题把我们引向了韦伯的那场有关学术的志业演讲。如下一章将要阐明的，对韦伯来说，以一种严肃的思想方式来分析价值观及其内涵就是他指派给社会科学学者的一项任务，这是防止知识的虚无主义堕落（只为实现纯粹的工具性和权力性目的）的一项重要预防措施。可以肯定，韦伯会以奇怪且令人不满的方式来处理这一计划——在将价值观确定为各种狂热信念的体系后，他会坚持将它们交由冷静的理性来审查。尽管如此，他的思想也将为今日课堂、课程和教学法中的价值观问题所展开的当代斗争提供一种有效的重构。它也将帮助我们反思更广泛的高等教育困境。如果虚无主义贬低了所有价值，包括真理、事实性、历史和理论的价值，那么这一影响就会与新自由主义对无关于资本增值的所有形式的思想或知识的削弱相融合并被其利用。不负责任的媒体力量和右翼对理智主义*的攻击也使得这一影响四处弥漫。这些力量共同侵蚀了教育的质量、可及性和技能培养之外的真正价值，由此也产生了可操纵的、不信

---

* 理智主义（intellectualism），一种强调理智和知性在认知与决策中的核心地位的哲学或思想主张。

奉民主的人口，让民主本身陷入了危机。

韦伯对他那个时代的欧洲政治危机的回应是放弃实质性的民主，将（飘渺的）希望寄托于负责任的魅力型领导力，其责任体现了"头领政治"，其魅力则赢得了触动灵魂和激情的不可言喻的能力。然而，他在学术和政治领域之间以及真理和权力之间开凿并维系的不可逾越的鸿沟，也强化了另一些可能性，即不负责任的煽动性政客粗暴地利用民众的恐惧、苦难、受伤的优越感，为他们自己不受对事实、法律、宪法、制度、人类或生态系统的责任的约束开脱。韦伯将学院限定在科学理性之上，将政治限定在负责任的激情之上，他主张分离这两个领域，以保护它们，使其不受彼此影响。我们在后文会看到，这些举措弱化了民主教育的前景，包括培养欲望，而这种教育本可以防止他最害怕的状况出现：由不负责任的煽动性政客动员起来的兴奋的群众掌管了庞大的国家和经济机器，并经常呼吁战争。[64]与此同时，韦伯的隔离走廊也大幅限制了学术对修复政治、经济和社会生活的计划的贡献。[65]在我们即将论述的

《以学术为志业》中，韦伯格外激烈地力求使知识的生产和传播免受虚无主义政治化的影响，以至于极度削弱了知识对改变世界甚或抵制邪恶的潜在助力。

第二章　知识

积极肯定科学的价值是一切教学的**前提**。

——马克斯·韦伯

科学并无意义,因为它无法回答仅有的一些对我们至关重要的问题:"我们应该做什么?我们应该怎么活?"

——马克斯·韦伯,引自托尔斯泰

韦伯的本体论政治充斥着神与魔的激烈斗争,而且在这位社会与政治科学研究的奠基者的思想中是如此不协调,它出自一种意识的受挫,这种意识很清楚它最深层的价值观要归因于宗教,但其志业上的承诺却要归因于敌人。

——谢尔顿·沃林

学院中的虚无主义

上一章探讨了韦伯为对抗政治中的虚无主义后果和虚无主义对政治的影响而付出的努力，尤其是通过对公共事业的负责而无私的追求而激发的政治行动。我们现在要转向韦伯在《以学术为志业》中所做的努力，即抵制虚无主义对知识的影响和学院中的虚无主义后果，这是一项依赖于学术的极端非政治化和世俗化的计划，它之所以最终功败垂成，既是因为这种纯粹主义本就可望而不可即，也是因为它虽抵制了虚无主义的某些影响，但也加深了另一些影响。然而无论是其努力还是失败，对于思考后虚无主义知识政治的当代人来说依然颇有启迪，我们也将从这个角度切入韦伯的演讲。

众所周知，《以学术为志业》在事实和价值

观之间划出了一条暗线，并斥责了那些将两者混为一谈的人和公开推崇价值观的人，尤其是他们在政治立场上的化身或学术环境中的计划，但也不止于此。然而韦伯并没有将价值观从学术考量中剔除，而是主张将其解析为包含行动、权力和暴力的伦理与政治星群。这件事非常重要，所以在演讲中有关伦理教学法的部分，韦伯转而谈到了如何在课堂上处理价值观的问题，而不是如何讲授事实（鉴于他的解释学承诺，这本身就是一个挑战）的问题。如果他所说的"终极价值观"超越了构筑生活的个人信念，以塑造一些交叠着政治领域的"邪恶力量"的政治事业，那就必须把这些价值观从经常锁闭着它们的道德或神学堡垒中撤出，并接受对其前提、"内部结构"和所含内容的严格分析。[1]

这种方法与当代对教师的要求极为不同，后者旨在用对立的观点"平衡"各种政治观点，或让它们相互"竞争"吸引力，或将某些政治价值体系冠以道德或正确之名，同时指斥另一些是邪恶的或错误的。这些方法都没有检验价值观，暗中使其越出了课堂的认知范围，要么因为它们是神圣的，因此不可触及，要么因为它们只是意见，因此不重要，要么因为它们是主观的，因此不科学。由此分别都把它们变成了遵从或嘲笑的对象，而不是明察秋毫的分析的对象。

相比之下，韦伯则认为价值观是从世界观中产生的，世界观没有合理的起源或最终的基础，但一样可以分析。此外，在一个既威胁价值又让我们困惑其地位的科学时代，以学术方式应对价值是非常重要的。价值的"非理性"起源、内容和作用的悖论，以及对理性分析价值的承诺，是使得他的观点在今天依然有用的一个重要维度。韦伯恳求学者们（尤其是但不仅限于其教学职能方面），要"科学地"处理当代的价值并置（concatenation），即便价值起源与价值竞争的最终领域存在于非科学领域——前者属于感觉或信念领域，后者属于政治领域。他下的赌注是，致力于冷静而中立地解构价值的学术承诺可以成为这两者——主观领域和政治领域——达成冷静调解的场域，但前提是主观性和政治都不得进入学院。这一悖论也包括韦伯试图理论化、限制和保护的知识场所与课堂。

韦伯坚持认为,哲学家、神学家或社会科学家无法也不应该解决价值争端。学者的任务和教师的伦理要求是将价值观视为分析和批判的对象——即通过历史分析和比较分析或对其逻辑与内涵的深思来考察它们,而不是将其视为真理的问题。我们教师可以阐明价值观在现实中的利害关系、影响和可能的轨迹;我们可以帮学生厘清他们所持立场的意义和内涵。我们无法确定哪些价值观是正确的。话虽如此,保障一个不带偏见且深思熟虑的领域,以分析价值冲突,可能会使其冲突——在一个价值大量涌现且无根化的时代,一个世俗的、日益奉行虚无主义的时代——既更具实质性,又不那么刺耳。因此,这种学术和教学工作有可能间接地丰富公共领域,同时提升学院的诚信和声誉。在这两个领域都处于危险且名誉扫地之时,这将是一个不小的成就。

当我们开始考量韦伯对学术志业的描述时,

重要的是牢记一点，即 Wissenschaft（学术知识，英语中通常被译为"science"，即"科学"）是指所有系统性的学术研究，而不仅仅是自然科学或物理学。[2] 作为洪堡式教育模式的核心，学术知识在韦伯时代承载着一种知识追求的意涵，即其内部不偏不倚，又独立于外部影响，尤其是教会和国家的影响。这一假设认为，只有当这种中立性和自主性占据上风时，知识才有可能为真。这就是每当我们在韦伯的演讲中遭遇"科学"一词时都至关重要的一套复杂的意义。不过我还是要赶紧补充一句，虽然韦伯借鉴了以思想自由揭示真实世界的（逐渐衰颓的）洪堡式承诺，但他还是拒斥了洪堡赋予学术事业和大学的崇高的道德和民族目的。[3] 韦伯为这两者的价值定立了法则，至关重要地使其摆脱了这类目的，并更狭义地规定了学术知识的价值。

抵制政治化

与那场论政治的讲座一样，韦伯在《以学术为志业》的开头就讨论了他受邀反思的这一志业的当代状况。通过对当代德国学术生活的关注，他给这些状况抹上了一层阴沉的色彩。其中的封建组织和奖励结构既催生了低水准的教学，又未能奖励优秀的学术研究。很多学术劳动都是不稳定的。学术专业化的稳步增进是有限度的，而科学进步带来的每一项成就也都不可避免地会黯然失色。最重要的是科学本身对世界的祛魅。科学的承诺是我们原则上可以理解一切事物的运行方式，它由此抽取了对象的灵魂，不仅耗尽了研究对象的神秘性，也穷竭了其内在价值或意义。在某种程度上，它像政治一样暴力，像资本主义商品化一样亵渎神圣，像工具理性一样剔除了价值。在某种意义上，学术知识侵犯、亵渎或剔除的不是民族、国家、志业和关系，而是意义和价值本身。它把它触及的一切都合理化了，推翻了奇迹、敬畏和信仰，并用解剖、价格或功能取代了它们。它让进步摆脱了它对改善、解放或幸福的千年承诺，并将其还原为知识和技术的积累。它让世界比它发现世界时更加充满力量，也使其意义更加贫乏。

韦伯认为这就是我们面临的状况，而原因就在于科学废黜了宗教的权威和自然界的神秘。科学虽推翻了宗教和神学关于秩序和意义的论述，却无法取代它所毁掉的对象。这一趋势不仅仅是误入歧途，其本身也是一种危险的虚无主义结果：韦伯曾说，这种在一个彻底去圣化的世界中洞开的虚空在各地都造成了对先知、煽动者以及刺激的煽动性观念的需求。属于教会和政治领域的知识王国中的诸般表演成了虚无主义破坏性力量的一部分，如韦伯所述，在这种力量下，"终极的和最崇高的价值观已经退出了公共生活"，神学及其不可避免的"世界必然有意义的假设"终结了。[4] 这种虚无主义的力量，以及由此产生的需求，就是韦伯在这次演讲中所要对抗的重要部分。

然而韦伯关注的并不仅是这些世界-历史性力量，也包括对它们的态度和误解。在《以学术为志业》和他早期论方法的文章中（韦伯这场演讲的大部分论点都是基于这些文章），韦伯都在与人交战。他在为社会科学的灵魂而与马克思和尼采交战，挑战他眼中充满规范的马克思的伪科学和尼采的反科学。他在与浪漫主义者交战，后者迷恋不合理的事物，或执迷于在日常生活中创造出一种新的宗教，亦即"本真性"。他在与那些在学术讲台上宣扬德国民族主义的学界同僚以及主张价值实证主义和工团主义*的同僚交战。（民族主义者把大学"变成了神学院——只是它［缺乏］后者的宗教尊严。"实证主义者犯了一个范畴错误，否定了康德那句让一切都接受批判性检验的名言，回避了理解行动和价值的解释性维度，并将当下的坐标和规范具体化了。工团主义者则在明显不平等的课堂环境中既蔑视了客观性，又利用了学术讲台的力量。[5]）韦伯在与那些认为真理在于达成竞争性观点间的平衡或妥协的人交战，这种平衡或者妥协是一种适用于政治而非科学的技术，当这种技术渗入科学时，它会将事实性相对化，将终极世界观庸俗化，这是一种体现了虚无主义的相对化和庸俗化。[6]他在与那些主张让不同观点展开竞争的人交战，这是一种适用于市场

---

* 工团主义（syndicalism）是国际工人运动中的一种无政府主义思潮。

而非科学的技术,当这种技术渗入科学时,意味着市场价值侵入了大学。[7]他在与那些明知事实根本无法不言自明却假装"事实不言自明"的人交战,这很可能意味着解释的问题和"棘手的事实"都被策略性地忽视了,且把适用于政治辩论的话术带入了课堂。[8]他在与那些自认为靠现实政治(realpolitik)、达尔文的适应论或进步的元叙事构建其历史或社会学描述从而取得中立的人交战,这其中的每一种都是不符合学术客观性的毫无根据的神学残余。[9]他在与经济学家交战,他们认为自己的科学确立了资本主义的规范性至上地位,但这种科学其实只能描述其机制和动态。[10]他在与哲学家和社会理论家交战,他们认为自己可以评估(甚至证明)规范的有效性,而不仅仅是分析它们的判断、逻辑和含义。他在与那些相信超验理性的人交战,他们既不承认解释学是不可避免的,也不承认不同的合理性模式中总是存在不合理性。

韦伯在与人交战,但他的敌人并不是始终如一的坚定派。他把自己所对抗的大部分对象都视为他那个时代的政治、认识论和存在性状况的结果。他认为他那个道德-政治时代是一个同时在耗尽价值、不断涌现价值又不断让价值贬值的时代,是一个价值判断经常被还原为口味问题的时代,一个以虚假先知为特色却没有真正先知的时代,一个崇尚个性并以其取代正直和诚实的时代,一个在空前的支配秩序下宣扬自由是一切行为的通行证的时代。在这个众所周知的被他形容为以"没有心的纵欲者"和"没有灵魂的专家"为主的时代,无论感觉还是智识都不能保护我们不被合理化变成经济机器中的齿轮和肤浅的个人主义者。[11] 真理已经脱离了意义和价值,只寓居于事实之中。而事实在数量上是无限的,而且始终在被人解读,这是一种令人感到渺小和生畏的现实,一旦这种现实不被接受,它就会在知识领域引发论战、实证主义、宗派主义和千禧年说等形式的反应。进步不再承诺增进幸福、和平或真理;它仅限于知识和技术的进展,而这些进展又矛盾地为更大的支配而不是更大的自由创造了条件。从这些进展中构建出的组织、技术、经济和政治机器一旦逃脱了人的掌控,将变成以不正当的权力肆虐世界的力量。

边界的崩溃也是这个时代的一个关键征候。没有什么事物能保持在自己的位置上，因为若没有一种道德指南和传统所保障的组织原则，位置本身也会丧失其自然化的坐标和价值。在知识领域，韦伯反复提到的"绝对异质"（absolutely heterogeneous）的实践（尤其是对事实的分析和价值判断）的不断混合贬黜了各种实践，加剧了对事实、真相、义务、责任和价值的猜疑漠视。因此，虚无主义确实在蔓延，因为它在侵蚀说教与教学、娱乐与信息、个性与政治之间的边界。深度、清醒、历史意识以及对灵魂和世界的关怀已让位于肤浅、工具性、激励性、个人满足和现时论。

对于这场危机及其引发的诸要素的螺旋混杂，韦伯的应对是他那有名的对立面规定，以及在认识论和本体论上将这些对立面彼此隔绝。他明确肯定的常见的二元关系是政治和知识、课堂和公共广场、事实和价值、经验主张和理论主张、实证描述和规范性判断。[12] 重要的是，对韦伯来说，借鉴和强行实施这类分隔不仅对方法十分关键，对世界也是如此。如果说在这个资本主义、官僚主义和世俗主义时代，早期相对的有机主义已经让位于碎片化和专业化，那就意味着曾经由等级制和权威确保的秩序已经让位于被价值并置割裂并且由"无生命的机器"支配的生活。随着有机主义和权威的衰落，带有严密强制性的组织就成了确保秩序的唯一残余手段。尽管韦伯敏锐地认识到了他所说的任何时代或观念体制中的"无限分化且相互矛盾的观念和情感复合体的混乱"，而且告诫学者要避免将概念和类型学与现实混为一谈，但他用以在思想领域穿越虚无主义的方法却依赖于强烈的认识论－本体论区分。这些区分不仅是为了建立概念上的条理性，其本身也是被派往这一场域的警察。[13]

为什么？为什么要认定这些"绝对异质"的探索和实践领域——知识/政治、事实/价值、真理/判断——不仅是模态差异的表现，而且是在接触或混合时会摧毁彼此的对立面？韦伯在这方面的坚持旨在隔离学院中的虚无主义影响，这些影响包括真理的毁坏（它被还原为经

第二章　知识

验性知识，但依然处于险境)，到意义的最终毁坏（它被还原为"终极价值"，但依然处于险境)，再到学术崇高性的毁坏（它被还原为一种以学者为载体的事业)。只有将事实性的确定性与价值的不可判定性隔绝，才能击退不断侵袭和贬低他者的虚无主义境况。当学生们在一个道德混乱的世界中渴求意义和终极价值时，只有将教学与个人魅力隔绝，课堂才能"凭借智识解锁世界"。[14] 而且吊诡的是，只有在教会、政治和学院之间开凿出不可逾越的鸿沟，它们以前通过相互纠缠来维系的秩序才能在它们支离破碎后被稳定下来。

因此，韦伯的规约并不是简单地摆脱一个科学水平较低的时代的束缚，而是要通过一种卫生计划来应对虚无主义足以毁灭世界的去高尚化和边界崩溃。这些规约旨在挑战各种价值观斗士和政客，他们为达目的不惜扭曲乃至破坏事实性。这些规约挑战了记者和教师，他们在拟订、选择和安排事实时既践行了伪客观性，又明显带有党派色彩。这些规约挑战了一种自负，即中立是靠平衡或综合各种观点——通过竞争或找寻中间立场——而获得的。[15] 这些规约试图将真理局限于事实来保存真理，并将价值分予可以永久而生动地展现其不可判定性和争议性的政治，从而保存价值。这些规约挑战了教师，而不仅是学者，以隔绝他们在工作中的个人激情和个性。

鉴于人们惯常都认为韦伯是在为一个世俗时代的价值中立的社会科学编制规约，我们有必要更仔细地审视一下他厘清这些范畴时意在挽救的具体的知识危机。韦伯在他 1917 年的文章《伦理中立的意义》("The Meaning of Ethical Neutrality")中写道，"社科学者的这一普遍信念——在实践-政治偏好领域的各种可能存在的观点中最终只有一个是正确的"——在近几十年已经消失了。[16] 他接着说道：推动他们前行的"文化价值观和个性的大杂烩"取代了旧伦理命令的超越个人的特性所形成的"相对客观性"。[17] 除了价值的大量涌现，真理在道德和政治上的失势也提升了个人和个性作为价值载体的地位。这是各处——教会、政府、课堂——都对煽动性产生了广泛需求的部分原因。[18] 对

第二章　知识

韦伯来说，在知识领域融合价值宣传与个性尤其危险：一旦事实性随伦理一元文化来回摇摆，政党拥趸和传教士都会穿上教授制服闯入课堂。使正直的学术诚信——尊重事实，只把价值观当成分析对象来处理——成为必需的历史条件也因为对个性的助长而受到了破坏。韦伯认为这种个性崇拜是学生渴望的，也让不道德的教师心满意足。[19]在我们这个时代，已深入学院生活本身的无处不在的名人文化、对由学生来评价教学法的依赖，以及市场化大学对学生满意度的日渐依赖之间的循环，也加剧了这种个性崇拜。韦伯指出，那些安静地传授经过方法论认证的知识的人，不可能轻易地反抗或幸免于这些趋势和做法。

韦伯坚称，课堂的功用是训练学生，而不是塑造学生；是开发智识能力，而不是灌输世界观。[20]这意味着以下的做法十分重要：讲授"棘手的事实"（包括那些被我们削砍过的、会扰乱世界观或叙事的事实），区分事实与对它们的评价和判断，并训练学生在学习中"抑制展示[他们自己的]个人口味或情感的冲动"。必须教导他们，智识的伟大在于训练、纪律、勤奋、专业化、奉献和对自我投入的克制——这些让人耳熟能详的新教德性都被绑入了学术志业之中。[21] 韦伯希望这些德性不单是驾驭在智识生活中毫无地位的权力意志，更是要将其扼杀，尽管正如尼采和弗洛伊德所理解的那样，生命力必有发泄之处，我们稍后就将看到它的显现。[22] 韦伯也很清楚，这些要求确实夸大了禁欲主义的力量——客观主义、中立、冷静、对认知主体的否认——尼采认为这些力量会使我们抵制自己的感觉、身体、历史性、解释能力和求真意志。因此，韦伯为学者制定的计划就是从一扇门逐出虚无主义，同时又让它从另一扇门进来。

韦伯试图绕开尼采的结论另辟蹊径，但他失败了。致力于知识积累是毫无意义的，知识可能会被忽视，而且肯定会被取代，这是他演讲中的一个主题。现代学者的受挫感和倦怠一再被承认，但从未得到解决。相反，韦伯坚称，仅能经验性地确立和中立分析的知识要求将求知动力中的"人的因素"客观化，而不是释放出来。他主张知识实践不仅要剥夺认知者的满足感，使世界失去意义，而且要让求知意志（或认知过程中的权力意志）反过来针对知识的本源，对它的严密控制报以无比猛烈的抨击。尼采坚称，这种自我反对自我的转变将在西方文明中达到至高点，我们在这至高点上陷入堕落之时，也恰是我们意志虚无之日——这是当今政治文化中的虚无主义的两个明显征候。拒绝遏制气候变化并肯定市场而非人的治理，这不是虚无意志又是什么？不正当的权力对事实和真理的狂欢式拒斥不是堕落又是什么？公开破坏民主规范和制度，只为挽救权力以统治不断被腐蚀的人口基础，这不是作为虚无主义产物的纯粹强权政治又是什么？

价值观

我已经指出，尽管韦伯坚称科学只寓居于事实，但他在《以学术为志业》中最激烈而精彩的部分还是有关学者和教师应该如何分析价值观的论述。为什么？在上一章，我已指出韦伯是将价值观等同于政治,又将政治等同于党派性、权力、武力以及最终的暴力。这一认同链是对韦伯所勾勒的一种历史进程的简述,这一历史进程对于在一个虚无主义时代从学术上处理价值观的问题有着重要意义。在韦伯早年发表的一篇方法论文章中,他曾将价值观等同于文化而非政治。[23]韦伯表示,要想成为文化开创者,就须"具备以慎思的态度对待世界并赋予其意义的能力和意志"。[24]他还说文化这一概念本身就是一个"价值概念……经验性现实之所以对我们来说成了'文化',是因为我们把它与价值观念联系到了一起,而且只有这样才成其为文化。"[25](我们不仅仅会进食、生育、学习,还会享受美食,创立家庭这样的制度,并开发出能反映"我们"自我认知的课程。)那么,在晚期现代性中,价值观是如何从文化层面转换到政治层面的呢?用韦伯的话说,当价值观弃绝并脱离了一种既有根基又为人共享的权威世界观时,它们就变成了政治。此时,它们成了斗争的问题,只能(暂时)通过口头、法律或身体上的强力来判定。如我们所见,这也是它们很容易受到虚无主义超政治化的影响之时。文化的政治化源于价值失去了根基，脱离了权威，它是自由主义本身崩溃的一部分肇因：最广泛意义上的多元文化主义只有在文化保持非政治化的情况下才有效，而只有当价值既有根基又普遍之时，才有可能实现这种非政治化。我们所说的身份政治时代完全没有改变这一点，反而是非政治化缺失的一种体现。[26]

韦伯在价值观、政治、党派性和武力之间确立的一系列明显的当代认同链产生了三个结果。首先，它将所有价值观转化成了可以冷静分析的实际立场，并将它们在世俗中的实践置于一个领域，在这个领域中，有人需要对动机和结果之间的分离负责，而不仅是对原则负责。任何宗教或其他的道德外衣都不能让行动者逃避这一责任。其次，它让政治领域成为了价值竞争或韦伯所说的"诸神之争"（warring gods）的角斗剧场。最后，它让这一剧场成了后虚无主义的价值恢复与追求的潜在（尽管不是必然的）空间，即使在各种历史力量或猛烈或安静地破坏价值的背景下也是如此。

这种认同链对学术、课程和教学法也有影响。它让韦伯的一个论点获得了生命力，即知识的发展和传授绝不能受到价值观的感染或扭曲。如果现在价值观具有内在的偶然性和党派性，因而具有内在的政治性，那么即使是最轻微的规范性冲动在学术水域中都是一种毒素了。这种冲动代表的并不止是偏见或兴趣，它给一个被武力和潜在的魅力的力量毁坏的地方带来了不可判定性，没错，但同时也给这个地方引入了武力和潜在的魅力的力量。然而至关重要的是，这些对研究和分析的客观性以及课堂中的价值中立的严格要求本身就是韦伯的后基础价值观框架得出的结果。对他来说，没有普遍的规范或超验的道德承诺，也没有一整套定立有效规范的正当理由！相反，价值观从根本上讲就是政治性的，因为它们在今天是无根基的，因为它们无法由真理来保障或被视为真理。换句话说，价值的失根和可竞争性构成了政治本身的当代本质的基础，即使韦伯从未这样说过。价值观之争成了政治斗争的本质，权力和暴力则是政治斗争的主要手段。如我们所见，韦伯并不寻求解决该领域随之而来的不合理性,只是梦想将其与责任捆绑,限制其暴力,并使其远离知识的实验室。

价值观是政治性的,政治则是权力和暴力的地盘,科学知识只有在这一切——权力、激情、党派性和暴力——被搁置的地方才能出现。众所周知,韦伯把这种对立刻入了语言本身。他说在政治领域,

> 你使用的话语不是学术分析的工具,而是一种说服他人接受你的政治观点的手段。它们不是用来松动深思坚土的犁,而是用来拒敌的……剑:简言之,武器。在教室里,像这样使用语言就是一种暴行。[27]

诱惑的语言对阵分析的语言,作为武器的语言对阵作为犁的语言,还有战争与和平——这些差异是两极化的,不是程度的问题。韦伯怒气冲冲地说:"只要一个学者引入他自己的价值判断时,对事实的完整了解就不复存在了。"[28]公正、中立、遵循事实和方法完全对立于"先

知和煽动者"的投入、行为和影响。一方贩卖的是冷静的理性,一方兜售的是炽热的激情;一方寻求真理,一方追求权力;一方试图激发其受众的好奇心和反思,一方则是为了吸引追随者。[29] 韦伯在这里的激烈表达似乎是一种权力意志的爆发,我们很清楚权力意志有时也会在训练有素的学者身上显露出来。这一点在韦伯自己对获取知识的方法的激烈态度上就有体现。

不过韦伯依然没有将价值逐出知识领域。这样做只会让它们的力量依然完好无损,而这种力量必须被灭活,才能使知识与之完全隔绝。他的做法是将价值从主体转移到认知的分析对象之上,尽管这样就剥夺了它们的内心性和活性特质,使得它们无法从不可言喻的主观领域中出现,也无法在政治领域中被狂热地调动。把价值语域从认知者转移到可认知者,从信仰或信念转移到研究对象,将它们带入一个科学领域,就可以揭示它们的内在逻辑和外部影响,并突显出它们缺乏根基。它们即便没有被逐下"神"坛从而遭到阉割,其魔力也被中和了,取而代之的是将他们当成带有假设和蕴涵的规范来分析。韦伯更进了一步：价值的"意义"被还原为它们与其他价值的关系。如韦伯所说，学者或教师有义务表明一点："如果你选择这个特定的立场，那就将服侍这个特定的神，并冒犯其他所有神。"这就是"我们迫使一个人、或至少是帮助他解释自己行动的最终意义的办法……如果一名教师在这方面取得了成功，我会忍不住说，他是在为'伦理的'力量效劳，或者说他是在致力于培养清晰的思维和责任感"。[30]

在描述或分析任何事物时，仅仅是这种价值中立或客观性的可能性在今天就受到了广泛而正当的挑战。但我们主要关切的并不是韦伯在虚无主义时代调用客观性以保护知识和价值的角力。确切而言，惊人之处在于价值观是如何转变乃至被违背的，其途径包括将它们塑造为带有可分析准则和逻辑内涵的规范性立场，将它们的心灵、宗教或情感维度归为一类，以及将它们从赋予其特定的分量和意义的文化和历史背景中抬升出来。韦伯比我们更清楚。他是一位大师级理论家，深知价值是历史性的、多变的和不可言喻的，而我们对它们的信念所依系的源头则可能是个人的或超个人的（transpersonal）、经验性的或神学性的。他很清楚，价值观本身源于文化和政治传统，但也出自欲望、野心、希望、妄想、怨恨、敌意和报复——这一切都是尼采所描述的在世上树立理想的代价。这种让科学有助于伦理、道德和政治上的明晰因而也有助于责任的尝试，由此也随着它对其研究对象的形式化而发生了转变。更重要的是，这种尝试旨在使祛魅的最后边疆……价值本身合理化。

韦伯很清楚，让学者尤其是教师将价值观研究视为偶然立场的要求带有不可避免的内涵、对立和排斥性，这扭曲了在他看来等同于我们最深层人性的实践（这种实践能为生活灌输意义，并决定什么是重要的），也使其失去了活力。这种要求加速了祛魅过程，将世界观转变为枯燥和空洞的规范性立场，抽干了它们迷人的激励性力量，及其改变历史和当下的意义的能力。韦伯要求学院来充当这个烘干室，教授就是其中的泰勒化*劳动者,这些劳动者既要留在自己的专业领域,又要否认自己的判断或关怀。这些限制一同构成了对价值观的更深刻的攻击,甚至超过了尼采对于重估价值观谱系的要求——后者完整保留了它们的诱惑性力量和武器,而韦伯的指令则旨在让它们失去这两者。与尼采在爱欲与权力中重新嵌入后虚无主义价值形成直接对比的是,在韦伯眼里,价值观仿佛可以根据对其抽象内涵的合理思考来评估,尽管他知道价值观和展开价值观之争的政治领域并不是这样运作的。[31] 因此,韦伯的知识规约既助长了对价值世界的清空,也限制了人类认知的范围,并改变了他承诺只用于研究的对象。这些规约利用科学的客观化力量削弱了这些规约所造就的价值的主观化力量——不仅拒斥了知识中的价值,也否定了价值的知识地位。

以这种方式对待价值观,需要韦伯放弃尼采对无依据的解释的批判,以及对一种"纯粹

---

* 泰勒化(Taylorized)是指科学、高效但非人性化的工作模式,出自科学管理之父弗雷德里克·温斯洛·泰勒(Frederick Winslow Taylor)的理论。

无意志的、永恒的认知主体"的"危险的旧概念虚构"的赞颂——这种认知主体的"眼睛不会看特定的方向",还试图除去"活跃的解释性力量"。[32] 韦伯不仅拒斥尼采的激进解释主义*和对在一切知识中都发挥着作用的权力意志的揭露,还很需要那种被尼采诊断为最终导致了虚无主义的疾病——禁欲主义。如果对世界的关怀或对其困境所感到的痛苦可能会塑造我们研究的对象,那么在我们研究的过程中,这些投入以及所有追求个人满足的雄心就都必须被摈弃。学术需要我们在研究和分析之初就放弃自身的信仰和对世界的关怀;剔除工作中的个人表达;采用合理的秩序和方法,剥离个人或个性因素;当然,也要接受我们的努力可能会化为乌有,我们的"发现"将随着时间的流逝而黯然失色。用沃林的话说,"韦伯强加给社会科学家的苛刻乃至偏执的要求,与加尔文教徒对圣经文字的执着和清教徒神学家制定的虔诚规则堪相对应。"[33]

---

* 解释主义(interpretivism)主张人类对世界的体验并非是对外界物质世界的被动感知与接受,而是主动的认识与解释。

简言之，韦伯肯定了"对理智的阉割"和"对生命的否定"，也肯定了"一种不断衰颓的生命的保护性本能"，尼采将其等同于禁欲主义的理想，即其"让身体和欲望都处于饥饿状态的计划"，因为权力意志在对抗生命本能本身。[34]尼采写道：

> 禁欲主义的生活是一种自相矛盾。统治这里的是一种独一无二的怨恨，一种永不满足的权力意志的怨恨——这种意志不是想要主宰生活中的某些东西，而是想要主宰生活本身，主宰生活最深刻、最强大和最基本的状况；其中的企图就是用强力封堵强力之井。[35]

韦伯肯定了这种在智识生活中用权力意志来对抗自我的自虐式转变，同时强调了科学成就转瞬即逝的特质，从而在这伤口上撒了一把盐。学者是一项毫无意义的事业的毫无生气的载体，既需要自我否定，又需要将我们所分析的世界中的意义抽空——这就是尼采预言的禁欲主义实践，它将以"意志的虚无"告终，这种学者的虚无主义精神旨在使精神在其触及的万事万物中保持静止。[36] 韦伯自己的祛魅论点过于温和，故而无法捕捉到尼采对这种实践之目的的理解。当这个世界臣服于客观主义的、伦理中立的学者的手术刀时，神秘和奇迹、意义和威严并不是简单地被剔出了世界。毋宁说，在文学、艺术和各种理论中，智识的伟大本身都受到了韦伯对学者的要求的冲击和削弱，这要求即击退学院中的虚无主义影响。然而按照尼采的说法，这种贬低和削弱生活（包括精神生活）的驱动力，本身就是从禁欲主义中诞生的虚无主义的驱动力。[37]

韦伯不仅摒弃了一种精神-智识匮乏的体制，还为有志于知识的人修建了一间拷问室。这种人注定要疯狂地积累事实，同时摧毁价值，这是韦伯自己对现代性陷入黑暗的诊断的核心。如沃林所说，"就像[信奉新教伦理的]加尔文教徒一样，科学人喜欢积累"，即使"他积累的东西并不比世上的其他东西更有持久的价值"。[38] 因此，一旦资本主义精神适应了韦伯所说的"机械基础",他也就在一种学术语域中重复了资本主义的形态,以及由虚无主义引发的抑郁形态:被驱使却没有目标,焦躁急迫却没有出路,欲望强烈却被遏制,并且无法宁息。韦伯很清楚现代机器在扼杀人的自由、价值和满足感,他根据它们的蓝图为知识和学术搭建了笼子:手段与目的分离、学者还原为手段、目的全部退场、我们永远摆脱不了价值贬值之轮的旋转。知识和知者的去精神化,以及知识分子在科学进步的传送带上向工人的转化所要抽空的不仅是这种工作的意义,也是其中的情感满足。这一志业既需要一种虚己的精神,也需要一个人坦然面对其知识生产的不可避免的过时。[39] 韦伯提出了去人性化、客观性、遵循方法和除去科学追求中的终极真理的要求,由此甚至否定了学者的创造性或将形式强加于物质的升华式乐趣,并拒绝教师插手很多人眼中与教学相关的变革。

对这些要求施加于学院教师的悲剧性维度、他培育的机器与他否定的满足和救赎,韦伯有着充分的警觉,这也很可能在他自己那让他失去行动能力的抑郁症中有所体现。在很多方面,这场关于科学的讲座就是对学术的定义和需求所发出的冗长而抑郁的叹息,即使不考虑当时的悲惨状况也是如此。在这方面,这场讲座与他对政客生活的描述极为不同。虽然这两种志业都要求一个人"像个男人一样承受时代的命运",否则就退回"到古老教会的热情和仁慈的怀抱中",但科学提供不了任何补偿性的乐趣,比如快活地"赤裸裸地行使[一个人]所拥有的权力",投身于一项事业,让自己的生活获得意义,或者"掌握着某段重要的历史进程中的一缕"。[40]没有勇敢和令人振奋的路德式反抗时刻,说不了"这就是我的立场,我别无选择"这样的话。在这种政客将清醒和克制带入对伟大事业的热情追求之中时,科学活动却与伟大丝毫无涉。没有改变世界的目的,因此也没有补偿性的乐趣,学者将这种状况与科学方法的禁欲主义承诺结合到了一起。这事业就是科学,无他,就是一个既无止境又没有终极意义的事业。因此,与必须滴定*原则、抱负和责任的政客伦

---

* 滴定(titrate)是一种定量分析的手段,也是一种化学实验操作,即通过两种溶液的定量反应来确定某种溶质的含量。

理相比,学者的"唯一道德"就是"朴素的智识上的正直",只需要以"男子汉的坚韧"来面对科学的终极无意义性。[41]

韦伯的各种区分和知识规约似乎也拒斥了一些社会和政治理论,这些理论摒弃了客观主义和经验主义,代之以富有想象力或推测性的认知和思考实践。谢尔顿·沃林写道,我们可以正当地利用这类才能来构思政治和社会集群与权力,以在描述政治生活时产生一种"纠正过的圆满性",这是必要的,因为我们无法亲眼"看到"所有政治事物。[42]"直接观察是不可能的,这迫使理论家抽象出某些现象并假定一些看不到的相互关联,以勾勒出一个社会的缩影。想象力是理论家的一种手段,可以借此了解一个他永远无法以一种亲密的方式来'认知'的世界。"[43]这种富有想象力的光辉,连同它对于非经验主义建筑学的依赖,及其与思想中创造性的世界构建的近似,正是韦伯打算从社会科学中清除出去的东西,尽管他在文学、艺术、宗教和传统中对此颇为欣赏。凭想象力将世界理论化,尽管韦伯在这项工作中有着非凡的天赋（这体现于他对合理化、个人魅力、祛魅等概念的阐述中），但若不臣服于方法，这项工作在认识论上就是不稳固也不可教的，而且很危险。我们都被限定于实证研究、理想类型和类型学，以及对文化和价值观的冷静的分析性解剖。在韦伯自己将诗人逐出理想国（Republic）[*]的过程中，他进一步拧紧了禁欲主义和意义毁灭的螺丝。

因此，与韦伯为政治精心设计的天职（其定位是反对他那个时代的主流力量）相对照的是，他让学者的志业与合理化、祛魅以及基于计算合理性的价值谋杀和支配机器紧密地保持着一致。学术事业非但不对这些现象提出异议，反而要以其对专业化、客观性、方法和冷静的承诺强化它们。韦伯由此果断地切断了知识与解放的启蒙联结，并告别了以大学作为文化构建者的洪堡式理想。他还禁止学院从事诊断社

---

[*] 在柏拉图的《理想国》中，苏格拉底主张将诗人逐出他心中的理想国，因为他认为诗人只是摹仿者，他们的摹仿是不真实的，其作品对真理并无多大价值，而且可能会蛊惑人心，不利于城邦的稳定和治理。

会疾病或危机的实践，而这种工作在我们看来就是批判性理论和批判性知识的生产。因此，韦伯模式中的学者虽可以描述那种能无与伦比地监督和操纵主体的"信息时代"，却不能批判这样的时代；这是一个一切都要臣服于金融兴衰的资本时代；知识被学科分割得如此细密，与世界隔离得如此之远，以至于它与我们现在面临的地球宜居性、人道和民主的危机几乎已毫不相关。韦伯看到了前方的黑暗，但他那条遏制虚无主义破坏知识和真理的道路，却将我们直接带入了黑暗。

知识与宗教

> 从科学的理性主义和理智主义中解脱，是生命沟通神圣的根本前提。
> ——马克斯·韦伯

至此，我们已经考察了韦伯对知识的构想和对知识生产的要求——依据是他在政治领域以价值为驱动的斗争和学术领域无关价值的知识积累之间假设的对立。这种对立是他反对政治化研究和教学的核心。不过在这场演讲接近尾声时,他从政治权力的问题转移到了神圣的问题,从而将知识的对立面从政治移向了信仰。他指出,价值观的世俗多元化引发了科学和教授们不能也不可解决的"诸神之争"。[44]

我在导言中提出,对韦伯来说,合理化及其产生的虚无主义的一个内涵就是知识、政治和宗教在现代性中的分离。只有在科学废黜了宗教的认识论权威之后,这三个领域才会彼此分离。唯有如此,知识才能等同于客观的、可证明的描述(无论我们如何看待这种自负)。信仰拒绝将知识与客观性和经验论绑定,这就是韦伯毫无恶意地将现代宗教信仰称为智识的一种明确"牺牲"的原因。政治成了价值体系之间的斗争领域——这些价值体系都植根于缺乏终极基础的信念。宗教和政治无疑都与价值观有关,但宗教也自称掌握了真理,这意味着它有可能以政治不具备的特定方式渗入知识的领地。约翰·洛克(John Locke)对宗教多元论的整体概述就建立在这三个领域的分离之上:知识是经验性的，会受到权力的腐化；信仰依赖于内心的真理、良知；政治会使用强制性权力，这种权力无法产生信仰或真理，只会产生顺从。[45]

然而对韦伯来说，学院中宗教态度的存在性威胁不仅在于用信仰取代理性或证据，也在于学者心甘情愿地去满足一个已然祛魅的时代的学生对意义的巨大胃口。韦伯很清楚客观意义的缺失几乎不可忍受，并且找到了几种拒斥这种缺失的策略。一种是直接退回到"古老教会热情的怀抱中"，此间的宗教真理是绝对的。他并不认为这是错的，只是宣称它在知识和政治领域都不适用。另一种策略是选择最黯淡版的虚无主义，如此一来万事都不重要，生活也毫无意义。韦伯谴责了这一策略，因为它未能认识到，在一个世俗时代，我们每个人都必须决定什么是重要的，以及我们的生活有何意义。还有一种可能性是将"日常生活"或"真实体验"变成一种宗教，韦伯认为这种趋势在他那个时代的年轻人中很盛行，他认为这是一种"无法直面时代命运的……懦弱"。[46] 但课堂中最危险的传染性动因还是托尔斯泰那个问题的改写版:'如果科学不行,那么谁能回答这个问题:我们应该做什么以及应该怎样组织自己的生活?'"[47]这个问题承载着那个时代的所有绝望,韦伯在其中发现了对先知的渴望,而他的许多同僚却缺乏毅力和自律来抵制这种渴望。他愤怒地说,学生们想要的不仅是方法、分析和事实方面的指导,更是在"寻找领袖而非老师"。[48]我们所能提供的就是以一种谦抑的方式回应这种渴望,包括解释它是如何形成的。对于托尔斯泰的那个被改写过的问题,韦伯答道:

> ……只有先知或救世主能回答。如果没有的话……你们肯定也不会让数以千计的教授伪装成享有特权或受雇于国家的小先知出场,并试图让他们在各自的教室里充当此人的角色,从而逼他出世。如果你们真这么做,那能得到的唯一结果就是年轻一代永远不会了解一个关键事实的全部意义。这个事实就是他们当中的很多人所渴求的先知根本不存在。[49]

在这个世界上，很少有事情比直面值得重视或关心之物的缺失的既定性更困难的了。由此也就催生了很多回避这一残酷事实的策略——宗教、虚无主义、对本真性或世俗先知的追寻。韦伯说大学教师的任务就是揭露这些事物的本来面目，让学生直面世界与生俱来的无意义。我们不是要填补这个真空，而是必须教导他们："生活……就是最终可能存在的各种态度的不可调和，以及相应的对解决它们之间冲突的无能为力，和在它们之间作出抉择的必要性。"[50] 有违直觉的是，只有肯定无意义性，才能防止腐蚀性的虚无主义影响，即知识的神灵化或政治化。

除了解决对意义的绝望之外，可能还有一个原因促使韦伯在其演讲的最后部分从政治煽动转向了虚假预言，并以之作为批判课堂上的价值宣传的框架。即便政治被排除出讲台之外，伦理和道德教导是否仍然适宜？韦伯不仅反对尼采，也反对康德，他认为伦理学也缺乏权威性基础，不能通过推理作出判断。事实上，韦伯有时似乎认为，伦理或道德体系的支持者比在学术讲台上支持政治立场的教师更不负责任——这或许是因为前者没有那么鲜明的党派性。韦伯说教师或学者唯一可用的伦理宗旨就是帮学生厘清"[他们]自己行动的终极意义"。[51]不过鉴于价值的不可判定性要求每个人必须各自决定是非对错,这项服务工作也并非毫不重要。这种"培养清晰思维和责任感的职责"既包括一种教学伦理,也包括一种"效力于[更大的]'伦理'力量"的行动,只要它能为学生提供发展他们自身伦理立场所必需的知识和理解。这种决定本身并不科学,但对可能存在的不同立场的科学分析可以丰富它。韦伯在此又一次为一种立场展开了斗争,在这一立场上,即便价值观并不是基于理智主义,也仍然可以得到理智主义的发展和支持。

当我们考量韦伯在学术和教学中所禁止的一切时——政治方面的诊断、批评和倡导,以及塑造性格和开发伦理方面的行为准则——重要的是牢记一点:是什么激发出了这些禁令。他的目标不是利用学院来解决在他那个时代释放出了如此多令人不安的力量的意义危机,而是旨在保护学术界，使其免受那些力量的影响。尽管他的立场是公认的"保守"，但最重要的是，他旨在保护学院，使其免受资本主义、国家利益、自下而上的政治化和任何身披伪装的宗教冲动的侵蚀和扭曲。但我们决不要误以为他的立场是一个世纪前的威廉·冯·洪堡（Wilhelm von Humboldt）或今日世俗自由派的立场。韦伯力求获得的奖品不是作为民族道德文化源泉的洪堡大学，也不是教师的特权或以不受监管的学术自由为形式的权利。他的目标是保护学院的唯一承诺和宗旨，即它对知识不受任何形式的权力或利益腐蚀的无条件保证，而这又自相矛盾地需要限制对知识是什么或知识能提供什么所作的承诺。无论对教师还是学生来说，这都没有为社会、政治或存在性问题提供意义、道德真理、批评或处方。然而在为我们寓居的世界绘图的过程中，这也不止是一堆落满灰尘的事实。不这样为世界绘图，就没有理解它的希望，因而也无法监管或再度遏制那些有可能支配或威胁我们生存的力量。此外，知识生产，包括其挑战和限制，都是人类智识发展的核心。

这种发展对于个人的自我缔造是必不可少的，对于共同缔造我们生活的任何可能性也是不可或缺的。

后记　在韦伯与我们之间

在惯常的解读中，韦伯论政治和知识的演讲就是在制定普遍的规约，与此相对的是，我强调了韦伯为使知识和政治免受其自身的后现代境况和后果的侵害而付出的近乎夸张的心力。我还一直在表明，针对虚无主义边界的打破，虚无主义对事实和价值的庸俗化、对深度和正直的剔除，以及对道德和政治真理的迷惑，他的解决方式就是一种带有双重意味的药*——它是借以建立秩序的替罪羊，也是从毒药中提取的解药。韦伯对虚无主义侵蚀力量的述行性反击就是区分、分隔、窄化和隔离。知识收获了合理性和世俗主义，政治收获了魅力和宗教精神。知识抽空了激情、判断力或者对一个不同的世界的热情；政治的运转则是以激情、判断

---

*　在希腊文中，"pharmakon"一词具有多重含义，既指良药、解药，也指毒药，又有"替罪羊"之意。

力和这种热情为燃料。知识追求真理，政治交易权力。知识是专业化的、无实体的，脱离了这个世界；政治则要应对整体、肉体凡胎和内心。韦伯反对政治生活中日益增长的专家政治和官僚主义势力，提倡受纪律约束的激情和目标。他反对智识生活中的浪漫主义及其政治化，需要一种近乎于扼杀灵魂的新教纪律。他力图将渴望、英勇和世俗性注入政治，同时也决心将这三者逐出学院。政治领域需要我们将它从非人性机器的统治中解救出来；智识领域则需要我们将它从韦伯所说的人的因素的压迫中解救出来。

当虚无主义的颓废正在摧毁秩序和场域时，韦伯的反对意在恢复这两者，但同时也让这头野兽从另一扇门闯了进来。他把仅存的价值扔进了知识领域中嘎吱作响的祛魅齿轮，同时也以其改变世界的前景换取了政治领域的魅力型领导力的魔力。他肯定了对过去和当下的经验性研究，同时也拒绝了用于发扬批判或乌托邦的知识。他让知识牵制当下的权力，只在政治领域中留下了个人魅力，以开启新的或不同的未来。他由此也在很大程度上切断了教育和政治变革的关系，防止教育与群众运动发生协同作用，并阻碍了教育培养人们对此类运动的愿望和要求的能力。一个领域的保守主义不可能鼓动另一个领域的创造性和变革性力量。事实上，新韦伯主义（neo-Weberianism）塑造了上个世纪社会科学的工作方式，同时也扼制并驳斥了学术界挑战或推翻那些构成了我们困境的力量的努力。它体现了一种以个人行动者（其主要舞台就是国家）为中心的政治想象，同时也边缘化甚至诋毁了底层发起的叛乱——社会运动、抗议，以及为中央集权的、不民主的或不公正的制度提出试验性的替代选项。[1]而诸般混乱则在很大程度被归因于市场和技术的贪婪驱动力，以及普遍缺乏韦伯赋予魅力型领导力的特质——克制、无私、责任感和一项比财富、权力或自我更宏大的事业——的那些领导人和运动。

　　韦伯为知识划定并加以维护的区别，也剥夺了社会科学用来理解由复杂的欲望、挫折、创伤、反应、恐惧和焦虑构成的现代政治主题的智识媒介。激发这些主题的因素可能有半数或更多都出自屈辱、拒斥、屈从或怨恨，而不是利益、信仰结构或特定类型的权威的构成体。韦伯对学术目的的规定也放弃了将培养有见识的、参与政治的公民作为一种学术使命和政治变革的动力。它把公民交托给了敏感且易被利用的文化-精神焦虑，以及它的一种幻想——在严厉的支配力量之间的选择，等同于自由。韦伯由此也禁止以学术促进后虚无主义的世界建构，这种世界建构根植于大众为经沉思确立并受制于责任的价值观而展开的斗争。相反，他的知识规约意味着学院在世界摆脱教会的那一刻起就要执拗地退出世界。以韦伯的价值中立和理想类型作为基础方法的专业化社会科学今天在数学模型和实验中达到了顶峰，这种社会科学虽能在狭窄的领域和短时间内作出预测，却无法理解我们集体生活的存在性危机——平等、民主以及人类和地球繁荣方面的全球性危机和地方性危机。这些方法和模型不鼓励质疑已经确认和框定了问题的支配性话语，以及现有的政治的、经济的、社会的条款和法令之外的解决方案。如马尔库塞在上个世纪中叶所述，这是一种认可而非质疑现状的社会科学。[2]

韦伯提出的事实和价值的对立，以及将价值视为个人信念的问题，也忽略了价值观是如何借助与它们相交的具体的历史合理性和话语而获得意义和化合价的，以及它们被实践时，其他的目的和计划可能会如何改变它们。政治生活中的价值观运作并非韦伯暗示的那样，只是由公开的权力行使来支撑的，它是在复杂的权力领域内发生的。这就是为什么谱系学和话语分析对于解释事实和价值都至关重要，为什么斯图亚特·霍尔在葛兰西之后所称的"并行性分析"（conjunctural analysis）对于理解政治文化中价值观的形成过程至关重要。这就是为什么，在政治领域，规范不能作为逻辑前提和内蕴发挥作用（在哲学领域便是如此），为什么原始的分析性变体的规范性政治理论会与所有可靠的政治本体论相抵牾。这就是为什么左右两派的"原旨主义"（originalism）总无非是一种政治伎俩，也是为什么指责对手将宝贵的理想当作武器收归己用会显得既天真又无能。

例如，原则上，自由主义承诺普遍和平等地保护人的尊严和自由。而事实上，自由主义与规划阶级、种姓、殖民化、种族和性别的权力有着深厚的纠缠，这种纠缠是有违这一承诺的。最近，其新自由主义变体对等级和不平等的默许及其族群民族主义（ethnonationalist）版的排外形态也有违这一承诺。就像社会主义的平等一样，自由主义对自由的描述在哲学家的研究之外的任何纯粹运作，都会被三K党集会上挥舞言论自由旗帜的右派、以经济实力主导选举民主的企业和侵蚀性（sexual）与性别（gender）平等的有组织的福音教派当作武器收归己用。是的，其中有精心设计的策略性举措，但它们并不超出自由主义的界限；相反，它们舒适地嵌套于自由主义对社会权力的长期否定之内，并从中获得给养，还受益于新自由主义拒绝民主立法并支持由传统道德和市场来组织社会的做法。与此同时，这些发展也将自由派政治文化转向了一个特定的方向，一个与政治威权主义日益兼容的方向。就像我们无法从当代社交媒体的力量或动员起来的各种社会霸权中超脱出来思考今天的言论自由一样，我们也无法充分地思考更一般的自由主义，同时摆脱财阀政治、排外、民族主义、威权主义以及为自由主义提供形式和内容的金融化的、新自由主义的反民主形态。虽然韦伯对合理性如何成为强力、自由的工具如何彻底转变为支配制度的理解有助于这类工作，但他在认识论和本体论上所做的严格区隔和使用的方法也使得并行性思考（跨越不同的元素和看似异质的形态）和谱系性思考（把握理想、价值或原则在实践中的历史变动）变得相当困难了。

这个例子提醒我们，对价值观的后虚无主义态度，无论在知识上还是政治上，需要的不仅仅是考虑到它们的基础缺失、目标和结果之间的分离，或者它们的情感感染力，尽管这些都很重要。毋宁说，后虚无主义的政治和智识实践需要把握政治和智识事业在特定形式的治理理性和权力技术中的嵌入性，并抓住它们与那些超出我们关注范围的权力和实践的交集。也就是说，它们要求通过语境元素来考虑这些事业的成型，而这些元素显然不是它们自身的词汇或目标的一部分。韦伯试图通过他对政治生活的理解（政治生活是一个由行动、偶然性和无意的结果构成的场域）以及他对适于该场域的责任伦理的阐发来追寻的东西，也是我们需要引入政治和社会理论中的东西。如果说政治并非调用纯粹原则的正确场所，只因这种调用忽视了原则要通过历史、权力和原则之外的行动结果来实现，那么学术性的政治思考和分析也是一样。

韦伯认为教师有义务向学生讲授事实，这当然是对的，其中包括他所说的"棘手的事实"——挑战公认的叙事或深刻信念的事实。但我们也必须向学生讲授事实性，即事实是如何形成并获得作为事实的正当性的。我们必须向他们介绍事实的构成和解释过程的复杂性和相关的冲突性理论、它们不可回避的历史的、社会的、话语的和解释学的维度、它们彼此之间的不可隔离性，以及它们的内在意义的缺失。在一个就事实、科学和真理而言充满困惑和欺骗的时代，还有什么比与学生们一起探究这些东西是如何被构成、保障、动摇或取代更重要的呢？理解其中的人类造物和习俗非但谈不上危险，而且还是教育公民和未来学者的一个关键部分。

韦伯坚称，教师有义务帮助学生理解为何没有一种价值体系永远正确，这也是对的，但为什么这种状况非但不会将分析和判断带往死路，或者将我们抛入相对主义中随波逐流，反而会强调检验和判定价值观（肯定什么、反对什么、寻求给世界带来什么）的重要性，准确地说是紧迫性。与此同时，它还强调了理解价值构成和信念、价值枯竭和随之而来的虚无主义的复杂源头的重要性，以及理解为什么价值并置在我们的时代既如此强烈又如此刺耳的重要性。

韦伯要求我们对自己的政治观点保有自我意识，予以关照，并在课堂上提出这些观点时保持克制，这也是对的，尽管这不能完全按他所要求的方式实现，因为从康德到进化论，从气候变化到种族灭绝，从性别平等到宪法，除了对它们的解释之外，从来没有什么事实或文本。这些主题也都是文化性和历史性的，不仅是主观的，也是通过揭露和遮蔽（occlusion）、情境化或强调性的语言来予以实践的，我们可以凭借很多有证据、有论证和负责任的手段来细究它们，即便不能最终解决它们。韦伯担心课堂上的个性会取代教导学生如何研究和思考，这也是对的，即便个性不会一声令下就显现或消失，当然也不可能完全被压抑。苏格拉底在这方面也许能提供一种有用的补充。苏格拉底没有驱除教师的个人魅力，或者他所说的培养学生对智慧之欲望的转移性爱欲，而是提出了一种克制和责任的伦理，这正是韦伯为政治行动寻找的伦理。韦伯在两个领域间所确立的牢固界限又一次消散了。韦伯看到了学术专业化的好处及其必然性，这是对的，但我们也知道，把知识从一些学科筒仓和组织知识的方法论封锁中解放出来，同时保留学术性学科本身的价值，这在今天是有价值的。

话虽如此，我们和韦伯共度的这段时间也不仅仅是为了纠正他，那只会变成一次奇怪甚至愚蠢的学术练习。如我在导言中所提出的，他也许能帮我们调整我们自己的船，或至少在暴风雨中为我们提供一些导航上的帮助。例如，在承认知识和政治绝不是相互独立的同时，他就提醒我们，要确保政治（和政治-经济）领域与学术领域之间的间隔，不能混淆或融合它们，这其中的原因有很多。思想上的分析、发现、批判、反思与政治行动、立法、法官的意见有着根本的不同：它们调动了不同的主体和主观性；它们利用了不同的语言、时间性、目标和风尚；实现它们潜力的必要条件也各不相同。为此，要求课程符合任何政治纲领——无论右派的还是左派的、世俗的还是宗教的——都应该通过对这种融合会如何腐蚀这两个领域的讨论来加以拒斥。除了让政治议程和说教远离课程之外，如今的学术还需要防止被有权有势者投资或收买，这些人只重视其商业应用或职业培训，也需要抵御旨在让大众变得愚蠢和容易操纵的反民主派的贬低。在 2016 年的竞选活动中，特朗普最令人难忘的一个时刻就是他那声发自内心的呼喊："我喜欢没受过什么教育的人！"[3]

虽然韦伯夸大了这种对立以及大学和政治

之间的距离,但也帮助我们看到了一点,那就是在一个虚无主义的边界崩溃的时代,这两者各自的承诺是如何受到威胁的。为了思想的相对自主性和正直——实际上就是为了思想本身——而保护学术领域,这意味着要同时抵制知识的超政治化和(国家、经济或慈善的)政治经济依赖关系对知识的结构化。为价值之争而维护政治领域,意味着抵制合理化以及权力政治和德性政治的诱惑。这需要重申价值观的价值,以面对价值的虚无主义堕落。反对虚无主义的斗争在这两个领域都很关键,但将它们混为一谈就会提前输掉这场斗争。

那么即便世界正处于危急状态,我们可能也需要每一位学者都做好准备,在学术生活和政治生活之间开凿一条壕沟是至关重要的。这条壕沟对于保护知识生产和传播中的沉思、想象力和负责性是必不可少的。[4] 它对于保护对事实性的理解和实践,使其能抵御虚无主义产生的冷漠却又忠于知识形态的复杂性也至关重要。它区分了价值观之争的场域和可以质询、分析、怀疑、拆解和重新考量价值观的场域。或如斯图亚特·霍尔在论述理论与政治之间的区别时所强调的那样,它区分了理论领域与政治领域,在理论领域,我们仔细审视事实的结构,分析叙事,探讨意义的内在衰落,在政治领域,我们则寻求建立支配性叙事,阻止意义的衰落。拥有住所是一项人权、树木应有立根之地、没有人是非法移民、科学是真实的、应废止监狱国家、这片土地是抢来的、爱能组成一个家庭——这些主张无法在政治斗争中接受细微的分析,但必须在学术分析和课堂中揭示和质疑它们及其面临的挑战。

当然,包括理论研究和批评在内的学术工作可以为政治斗争提供信息,有助于开发它们的潜力或揭示它们的弱点。同意、自治和选择的复杂性;企业和人格的模糊的符号性;主权主张的复杂性;人权方面的模棱两可的操作;宪政民主的失败和窘境;种族和性别认同的不稳定性:对这些问题的考量可能都有助于创立政治计划并完善政治立场。但这并不意味着它们可以在政治竞选中公开发表,也不应与竞选混淆。正如没有什么比受政治纲领(无论是国家、企业还是革命运动的纲领）的支配对严肃的智识工作更具腐蚀性一样，也没有什么比学术研究所需的无休止的反身性、批判和自我纠正更不适于政治竞选了。这并不是一个"状况太复杂，让人无所适从"的问题，而是通过揭开意义和复杂性来获得知识的领域与通过敲定意义和降低复杂性来实现政治目标的领域之间的深刻差异的问题。学者和学生必须允许别人对他们的假设和公理进行创造性的破坏，他们必须甘愿处于不确定乃至时而感到迷惑的状态。另一方面，政治行动者则必须坚定不移、专注于自己的目标并加以维护。无论哪种活动都不应该因为它不适用于另一种活动而受到责备（就像那些摒弃理智主义的人经常做的那样），也不应该屈从于另一种活动的精神和要求。

这不是对神秘的知识或象牙塔思想家的概述，他们对我们生活的世界完全不负责任，或者说漠不关心。毋宁说，问题的关键无非是，韦伯在被定立为一项事业的价值追求和价值对无情的智识审查的屈从之间所作的区分，最终要比他在区分学术生活和政治生活时所作的事实-价值之分重要得多。事实上第一种区分可能有助于消除第二种区分，因为韦伯自己在认识论和方法上的硬性法典化必须（按他自己的说法）能接受争论，从而使知识生产中的价值观浮出水面。

当然，学术和政治领域之间的关联与我们一直在讨论的隔离走廊同样重要。对于民主而言尤其如此，民主无法在一个未受过教育的公民群体中幸存。事实上，在过去四十年里，新自由主义和右翼联手攻击民主的一些策略都被低估了，其中包括对公立高等教育机会和质量的侵蚀，以及对大学在职业培训之外的价值的诋毁。在一种恶性循环中，抹黑教育的反智主义大幅削弱了民主公民的能力，让公民们变成了可操纵的对象。此外，学术的专业化和职业化、对私人研究的资助正在取代对公共研究的资助，以及大学面临的必须立即兑现市场成果的新自由主义压力，共同转移了研究和教学的公共和世俗目标，而解决我们这个时代危机的路径恰恰与此相反。

鉴于最近的这段历史，我们可能有些太专

注于学术自由的问题,而对学术责任问题关注得太少。前者并非微不足道,尤其是考虑到管控着课程和教学法的强大的右翼运动。但后者能以更深远、更世俗的方式应对我们岌岌可危的集体未来吗?今天摆在大学教师面前的最重要的问题可能并不是"我们有什么权利在课堂内外说和做",而是"在这个时代,课程和教学对公民的教育和赋权有何贡献?"我们如何在短暂的、令人忧虑的大学教育时间和空间中培养出有知识和思想的公民,尤其是在今天对学生提出如此多其他要求的情况下?我们是否应该重新考虑在能学什么……和回避学什么方面给大多数大学生提供的宽泛的自由度?怎样的教学策略、文本、话题和讨论可能有助于为当今学生所浸淫的反应性个人政治重新定向,以激发他们去思考构成现在和不久的未来的大规模经济、政治、社会以及生态力量和轨迹?我们要如何打破知识的孤立化、职业化和工具化,避免让太多的学术知识脱离世俗?我们要如何帮助学生、教师和行政人员摆脱对不断增强的个人和机构资本的迷恋,摒弃这种迷恋所产生的对知识孤立化、职业化和工具化的忠诚？

这项工作的关键就是竭力诉诸课堂上的价值观，而不是与之背离。我的意思并不是宣传价值观。毋宁说，在课堂上，价值观不仅可以作为对观点、意识形态、政党或宗教的忠诚来研究，也不止是作为分散对经验、技术、工具或实践的关注的事物来研究。在课堂上，价值观可以被深化为世界观（或被认为缺乏这种可能性），从历史和理论上进行分析，并在调动和改变它们的具体权力的背景下予以考量。在课堂上，我们可以从谱系、文化、经济和心理上考察它们——例如将其视为一种复杂的反向形成*或神学残余。在课堂上，也可以在那些通过伪装的中立或客观来否定或圣化它们的权力中发现它们，无论那是专家政治、算法、市场还是法院的权力。最重要的是，负责任的教师可以在这里将它们表述为没有基础，但在把握和应对我们时代的多重危机方面依然极其重要的

---

*　反向形成（reaction formation）是弗洛伊德精神分析理论中的一种防御机制，通过夸大直接相反的倾向来掌控引发了焦虑或被认为是不可接受的情感和冲动。

事物。以这些方式对待价值观是对这个价值观被庸俗化和工具化的虚无主义时代的重要反击；在这个政治时代，人们普遍认为价值观已被右翼的宗教人士和左翼的世俗正义垄断；在这个资本主义时代，价值观都被用来扩大市场份额；在这个专家政治时代，价值观都被埋葬于各种平台和应用程序之中；在这个世俗自由的时代，价值观都被个性化和个人化了。重新将价值观研究置于高等教育的中心，也将抵消大学——尤其是公立大学——面临的稳定压力，这种压力要求增加职业培训的分量，由此将科学、技术、工程和数学（STEM）领域提升到了高于其他一切领域的地位，这种提升严重威胁到了这个能对世界进行深入而明智的思考的最重要的遗留场所，而且它恰恰是在历史上的一个最糟糕的时机出现了。

即便韦伯担心课堂论战会破坏客观学习和深思熟虑的状况，也很难说这是今日课堂的正直性所面临的最严重威胁。尽管右派和主流媒体都在大肆渲染，但触发（关键词）、审查或压制异见并不是真正广泛或重要的问题，在精英机构的象牙塔之外尤其如此。相反，学生中常见的一个压抑智识严肃性的因素就是智识生活所受到的文化-政治性贬低对他们的同化，以及他们对个人前途的焦虑，这往往表现为专注于评分标准和用最少的投入满足要求的技巧。[5]还有当代大学生所承受的前所未有的分裂意识的压倒性影响。一方面，大多数人已经内化了新自由主义的训令，即计算和滴定他们的每一项教育、社会、公民和个人投入，坚持不懈地关注他们的人力资本价值，以发展其个人前景。另一方面，大多数人也对迫在眉睫的全球生态、政治和经济灾难保持着担忧，这些灾难很可能会让他们在其中关注着自身人力资本价值的世界迅速崩溃。[6]没有一代人曾这么直接地关注自身却无视集体的未来，同时应对着如此尖锐、复杂的要求，以构建其个人的切近未来。这种远非"残酷的乐观主义"的困境对很多年轻人来说是不堪忍受的，它本质上是要求他们低着头，把创业的那只脚放在另一只脚的前面，假装他们并未正在走向灾难。打造简历、培养人脉、寻找伴侣……而且不但要为一栋供不起的房子和靠不住的退休生活存钱，还要为民主的终结和一个不适宜居住的星球未雨绸缪。大多数年轻人都处于末日前的生存第一主义（survivalism）模式中，我们在某种程度上也都是如此。

我们有可能解决这种困境的一种方法就是承认它，并有意地向我们的学生提出一些后虚无主义的问题来砸开它：

"你们想生活在怎样的世界里？"

"在世界历史的这个关头，人类应该或可以如何安排我们的共同筹划？""应该用怎样的价值表来组织我们的生活——可持续性？自由？（哪种？）相互宽容还是承认差异？平等？（哪种？）家庭还是另类亲属关系？（哪种？）有意义的工作还是取消工作？宗教是应受到保护还是被削弱？要全球性机构还是地方性机构？"

"人类发明和释放的力量和技术是如何产生塑造人类以及占领和摧毁地球的特定方式的？我们如何才能面对与当前危机相关的恐惧和绝望，而不被它们摧毁？我们需要了解、思考以及研究什么，才能以一种深刻而慎思的方式解决这些问题和相关的问题？"

经验分析（事物现在是如何安排和运作的），以及历史和物质分析（是什么力量把我们带到了这个关口，它是由什么力量组织的），都是制定这类问题的关键。心理学、社会学和政治经济学对它们的发展和复杂化十分重要。文学、理论、哲学、艺术与另一些呈现和解释世界的模式对于解决这些问题是不可或缺的，科学、技术和科学哲学的基本素养也是如此。事实上，大学课程中的几乎所有部分都能对这些问题施加影响，尽管职业学校和职前课程可能需要最多的帮助和鼓励才能向它们倾斜。

当然，不应该指望学生回答这类问题，而是要鼓动性地去问他们，并帮助他们探索这些问题。我们的教学法应该旨在阐明发展和深化它们需要什么，怎样确定和激发出解决它们的明智方法，以及它们会怎样影响大多数年轻人经历的意义、有效能动性和未来的危机。通过这种方式，我们不仅可以解决学生的焦虑，避免把这种焦虑带入不断扩增的大学咨询产业，还可以将学生引向深思熟虑的公民的基本实践。除了向学生提供理解他们的世界所需的具体知识外，我们还要教会他们得出深刻的、经过深思的价值立场需要什么，这对于有意义地塑造他们自己的生活，使其成为民主制下的明智参与者，避免他们全盘接受既有的霸权价值观或肤浅的、高度极化的价值观秩序，都不可或缺。同样重要的是，以这种方式为我们的一些课程和教学定向，可能也有助于消除当今政治化的学院的刺耳的、相对反智的特征，代之以更富成效的、更具智识的、将学术与政治生活联系起来的实践。这种工作符合韦伯那种在学生中"培养清晰思维和责任感"的论点，也能完成他的计划所未能完成的两件事：第一，它旨在让学生更加入世，鼓励他们接触世界，无论是他们发现的世界还是他们想象中的不同世界；第二，它将价值观视为了解世界本相的不可根除的要素，也就是说，它们嵌入了他所认为的真实世界中。在这两方面，它都将是实证主义的一个稳定的破坏者。

有一点应该更加明确，那就是不能以此为论据将"要做什么？"这个问题置于大学课程中的核心。这也不是在课堂上"包容所有观点"

的简化表述，这种自负会削弱而不是确立价值观的地位，因为它将"观点"视为财产般的私人物品，而不是带有权力内涵的世界观。要发扬韦伯对于用勇敢的监督来取代这种包容的称颂，从而使今天的价值观在一定程度上去个人化，就意味着要帮助学生理解那种几乎浸入肌体的高度个人化的正义主张和价值观为何既是新自由主义的结果，也是虚无主义侵蚀世界和欲望陷入危机的标志。这些事情需要得到深思熟虑的、带有同情心的揭露，只要我们想激发学生对理解他们政治主张的来源和影响的好奇心，并引发他们对政治思想、身份认同和目标的其他模式的兴趣。

勇敢、对价值观的批判性分析、对明智地形成价值观所必需的知识的沉思，以及认识到价值观对个人和集体的自由和未来的重要性——这些几乎都不是当今大多数大学课程设计所遵循的原则。除了各方压力都在要求精英院校外的所有院校都转向职业教育，主流社会科学中公认的非规范性方法（价值观被其视为非法异类）也在积极阻挠社会科学的课程和训练中的这种关切和方法。这种情况在研究社会和政治行为的大多数方法中都在加剧,主流哲学也是如此,其中的价值观往往被还原为规范,规范被还原为意见,意见则被还原为可检视的态度。[7]学生们自己也开始期待老师传授"信息"(重点符号越来越多),并学会了在课堂环境中面对无法回答的大问题时心生怵惕。而导师的"偏见"往往会被狭隘地视为公开的政治声明,这种窄化排除了解释事实的模式、方法的政治性、对理论的态度等。在这些方面,我为文科课程的使命提出的重新定向是革命性的,这种努力不啻于在对抗当前塑造着高等教育文化的各种力量。不过正是保守的老韦伯在这一点上启发了我。

韦伯所说的"价值观"是人类的深度和能力的徽章,它们一方面出自他所说的我们的"内在生活",但同时也牵涉指引我们共同生活方式的其他愿景。在这种混合体中,它们标志着我们这个物种的一些独特之处,即其创造一个符合我们的认知和信念的世界的潜力。实现这些愿景的可能性受到了现代性力量的独特威胁，后者正在削弱我们共同创造自身生活的能力——韦伯在资本主义和官僚体制中发现的巨型支配机器如今又有了数字技术和金融的辅助。这种削弱是一种显著的不自由形式；我们对它的接受就是虚无主义的一个基本部分。培育价值，将价值观之争置于政治生活的核心，仅此就可以为那些非经选出的支配制度、纯粹的权力贩子或专家政治的支配提供替代方案。在这方面，韦伯坚持将诸神之争视为政治生活的永恒本质，这不仅是在反驳那些天真地想象凭一场革命就能带来统一与和谐的人，也是在以反虚无主义的方式对抗施密特那臭名昭著的将政治斗争等同于区分敌友的做法，以及列宁将政治还原为"谁对谁"（谁将战胜谁）的做法，还有经典的现实主义立场，即政治是由根植于假设性人性中的客观规律支配的。韦伯对价值内在的缔造性本质和政治作为价值之争的领域的认同，也导致他拒斥了将价值观建立在道德普遍性基础上的康德主义尝试、将价值观嵌入辩证唯物主义的马克思主义尝试、在虚无主义之后为伟大的个体提供救赎的尼采主义尝试，以及后来新自由主义将价值观拱手让给自发市场秩序和道德传统主义来处置。

然而即使拒斥了新的价值观基础——无论是理性主义的、自然主义的、神学的还是新贵族式的——韦伯仍在寻找方法，力求使价值观对思想负责，并将它们的实现与负责任的行动绑定。尽管他在理解我们当前的危机所需的对各种社会和政治理论的描述以及在危机中重塑可能性所需的社会和政治实践方面存在明显的局限性，但他明白，想在这场危机的虚无主义削弱或破坏中让价值重焕生机，需要在两重意义上对我们的人性重拾信念。价值观承载着我们依据选定的目标来打造世界的独特政治能力——这种能力看起来几乎要被那些支配并时常威胁我们的生活和未来的力量消灭了。要重拾这一信念，也意味着拥抱纯粹的人类价值观源泉，拥抱我们对价值观的复杂的、属人的——智力的、情感的、精神的、文化的和历史的——依恋。有人将虚无主义归因于这种拥抱，然而事实远非如此，这拥抱本身就承载着克服虚无主义的希望。

附 注

导言

1. The University of Utah, Tanner Humanities Center, "Tanner Lectures Overview: The Lectures," n.d., https://tannerlectures.utah .edu /overview /lectures .php.

2. 很多知识领域都促进了这些分裂,其中包括批判性科学研究、生态学研究、女权主义理论以及后殖民主义和批判性种族研究。德里达对于逻各斯中心主义(logocentrism)中二元运作的批判工作和福柯对于话语和合理性的批判工作也是让这些结构性转变能够获得理解的关键力量。

3. Max Weber, "Politics as a Vocation," in *The Vocation Lectures*, ed. D. Owen and T. Strong, trans. R. Livingstone (Indianapolis: Hackett, 2004), 93.

4. William Callison, "The Politics of Rationality in Early Neoliberalism: Max Weber, Ludwig von Mises, and the Socialist Calculation Debate," *Journal of the History of Ideas* 83, no. 2 (2022): 269–291.

5. Robert Eden, *Political Leadership and Nihilism: A Study of Weber and Nietzsche* (Gainesville: University Presses of Florida, 1984), 1.

6. Max Weber, " 'Objectivity' in Social Science and Social Policy," in *The Methodology of the Social Sciences*, ed. and trans. E. Shils and H. Finch (New York: Free Press, 1949; New York: Routledge, 2011), 60.

7. Eden, *Political Leadership*.

8. Eden, *Political Leadership*, 188.

9. 在今天的美国，伯尼·桑德斯（Bernie Sanders）、亚历山德里娅·奥卡西奥-科尔特斯（Alexandra Ocasio-Cortez）和斯泰西·艾布拉姆斯（Stacey Abrams）都是新近的左翼"英雄"领袖的范例。

10. 关于韦伯与德国自由主义危机的关系，除了 Eden, *Political Leadership* 之外，还可参见 David Beetham, "Max Weber and the Liberal Political Tradition," *Archives Européennes de Sociologie / European Journal of Sociology* 30, no. 2 (1989): 311–323.

11. Wendy Brown, *In the Ruins of Neoliberalism* (New York: Columbia University Press, 2019), esp. ch. 5.

12. Friedrich Wilhelm Nietzsche, *Writings from the Late Notebooks*, ed. R. Bittner, trans. K. Sturge (Cambridge: Cambridge University Press, 2003), 83.

13. 关于犯罪与虚无主义的关系，见 Maia Stepenberg, *Against Nihilism: Nietzsche Meets Dostoyevsky* (Montreal: Black Rose Books), ch. 1.

14. 这些动词代表了对虚无主义的一系列可能的反应，并且不能互换。遏制或击退其影响与尼采所说的"克服"虚无主义完全不同。我们将在后记中回顾这一点。

15. Alexander Nehamas, "Nietzsche, Modernity, Aestheticism,"

in *The Cambridge Companion to Nietzsche*, ed. B. Magnus and K. Higgins, 223–251 (Cambridge: Cambridge University Press, 1996), 224–225.

16. Nehamas, "Nietzsche, Modernity, Aestheticism," 226, 230.

17. Max Weber, "Science as a Vocation," in *The Vocation Lectures*, ed. D. Owen and T. Strong, trans. R. Livingstone (Indianapolis: Hackett, 2004), 27.

18. 龙虾有没有"感觉"、胎儿心跳何时开始、性取向是天生的、社会构建的还是自己选的,市场是否能有效分配资源——这一切都与价值决定无关

19. Friedrich Wilhelm Nietzsche, *On the Genealogy of Morals*, ed. and trans. W. Kaufmann (New York: Random House, 1967), 153, 155–156.

20. Weber, "Science as a Vocation," 17; and Weber, " 'Objectivity' in Social Science and Social Policy," 53.

21. 韦伯和尼采的说法之间有着重要的区别:我们是像尼采所声称的那样杀死了上帝,还是上帝通过韦伯所说的合理化和祛魅的过程瓦解了? 至于虚无主义本身,我们是想要虚无还是会陷入其中?

22. 在韦伯的时代,这些机器就是官僚制国家和资本主义。今天,我们还将往其中增添数字技术和金融。

23. 我们也可以这样看待当代宗教在文化和地缘政治斗争中的动员:犹太教、基督教、印度教和伊斯兰教各自都是以贬低其价值地位的方式被动员起来的。

24. 沃尔夫冈·施鲁赫特(Wolfgang Schluchter)写道:"在这个祛魅的世界里,从科学理性主义中'解放'成了'与神相联的前提'。" Schluchter, *Paradoxes of Modernity: Culture*

and Conduct in the Theory of Max Weber, trans. N. Solomon (Stanford: Stanford University Press, 1996), 48.

25. 这也表明，宗教在当今欧洲-大西洋政治中充当的重要角色就是虚无主义的一个结果，而不是其解药

26. Sheldon S. Wolin, "Max Weber: Legitimation, Method and the Politics of Theory," *Political Theory* 9, no. 3 (1981): 401–424, 408.

27. Wolin, "Max Weber," 409.

28. Mark Warren, "Max Weber's Liberalism for a Nietzschean World," *American Political Science Review* 82, no. 1 (1988): 31–50, 32.

29. 与韦伯一同思考，这项工作并不意味着他在保守主义、男权主义、民族主义、反民主和方法论方面的投入可以轻易地从我们可能觉得有用的挑衅性言论中筛出去。这些投入是韦伯思想脉络的一部分，也是与他一起思考的价值和挑战的一部分

第一章　政治

1. "只有在一种非常特殊的解释中，即基督教-道德的解释中，才能发现虚无主义。" Friedrich Nietzsche, *Writings from the Late Notebooks*, ed. R. Bittner, trans. K. Sturge (Cambridge: Cambridge University Press, 2003), 83.

2. Nietzsche, *Late Notebooks*, 146–147.

3. Nietzsche, *Late Notebooks*, 117.

4. Friedrich Wilhelm Nietzsche, *The Will to Power*, ed. W. Kaufmann, trans. W. Kaufmann and R. J. Hollingdale (New York:

Random House, 1967), I.20, pp. 16–17.

5. Nietzsche, *Late Notebooks*, 219.

6. Nietzsche, *Late Notebooks*, 219.

7. Friedrich Wilhelm Nietzsche, *On the Genealogy of Morals*, ed. W. Kaufmann, trans. W. Kaufmann and R. J. Hollingdale (New York: Random House, 1967), "Preface," 16–20.

8. Nietzsche, *Late Notebooks*, 146.

9. Nietzsche, *Will to Power*, I.62–68, pp. 42–44.

10. Thomas Hobbes, *Leviathan*, ed. C. B. MacPherson (London: Penguin, 1968), ch. 10, 151.

11. Nietzsche, *Late Notebooks*, 147–148.

12. 罗恩·苏斯金德（Ron Suskind）在对小布什总统任期的论述中捕捉到了这一转变，其中还引述了卡尔·罗夫（Karl Rove）关于创造现实的臭名昭著的言论。Ron Suskind, "Faith, Certainty and the Presidency of George W. Bush," *New York Times Magazine,* October 17, 2004.

13. 小布什的外交政策及其决策核心的信仰和意识形态的混合再一次预示了今日政治中对事实和真相的更加公然的无视，这种状况尤以共和党为甚，但也不止于该党。

14. Robert Pippin, *Nietzsche, Psychology and First Philosophy* (Chicago: University of Chicago Press, 2010), 51.

15. Pippin, *Nietzsche,* 19.

16. Pippin, *Nietzsche,* 29. 想想这种在各个方面都是反工具性的能量会如何挑战韦伯描绘的那种作为世界-历史力量的世界的合理化和祛魅

17. Nietzsche, *Genealogy of Morals,* I.13, p. 45.

18. 除了在克服虚无主义的过程中圣化个人主义（这也是虚

无主义的结果之一），尼采的几条克服虚无主义的路径都集中在肯定今生和此世上，放弃了否定生命以寻求生命之外或超越生命的价值的做法。在永恒回归（eternal return）和对命运之爱（*amor fati*）这两个概念中，只有人类意志的健康和力量能带我们远离否定生命的轨道，这轨道始于宗教，经科学而终于虚无主义。同样，对于尼采来说，这种克服的场景是个人性的，充其量是文化性的，不期待政治上的可能性，而且天然不容于民主、平等主义或社会、政治责任。这一切都限制了尼采"克服"虚无主义的模式，使其很难以对世界进行民主重塑或修复为目标

19. Mark Warren, "Max Weber's Liberalism for a Nietzschean World," *American Political Science Review,* 82, no. 1 (1988): 31–50, 32.

20. Max Weber, "Science as a Vocation," in *The Vocation Lectures,* ed. D. Owen and T. Strong, trans. R. Livingstone (Indianapolis: Hackett, 2004), 23.

21. Robert Eden, *Political Leadership and Nihilism: A Study of Weber and Nietzsche* (Gainesville: University Presses of Florida, 1984), 137–138.

22. 例见 Brian Judge, "The Birth of Identity Biopolitics: How Social Media Serves Antiliberal Populism," *New Media & Society* (2022), doi: 10.1177 /14614448221099587.

23. Weber, "Science as a Vocation," 29.

24. 重要的是要区分这种（发型或啤酒品牌的）政治化与关注阶级、种族、性别或不可持续的生产和消费实践的意识觉醒相关的政治化。前者是用来代替政治的微不足道的品味问题。后者是共同组织生活的权力关系，是政治的关键

主题。

25. Warren, "Weber's Liberalism," 34.

26. Warren, "Weber's Liberalism," 35.

27. Max Weber, "Politics as a Vocation," in *The Vocation Lectures,* ed. D. Owen and T. Strong, trans. R. Livingstone (Indianapolis: Hackett, 2004), 67–72. 当然，韦伯的合理化论题是注定无处不在的，尽管他认识到它将以不同的方式和时间性在不同的领域扎根。然而政治的一些基本特征却逃脱了它：权力、行动、暴力以及构成了政治生活的偶然性这些要素，都意味着政治不可能完全让位于行政管理而不消灭自身。这些要素相当于政治的有限"自主"，即便行动者被行政机器和政党机器拖了后腿，或者政治受困于意义的清空和现代性官僚心态特征的浸透。

28. Weber, "Politics as a Vocation," 67.

29. Weber, "Politics as a Vocation," 77–78.

30. Weber, "Politics as a Vocation," 77.

31. Weber, "Politics as a Vocation," 78–79. 32. Weber, "Politics as a Vocation," 82–83.

33. Weber, "Politics as a Vocation," 93–94.

34. David Owen and Tracy B. Strong, "Introduction," in Weber, *The Vocation Lectures*, xlii–xlv.

35. 对韦伯来说，人类世界是一个造出来的世界，是从制度和价值观到天命在身的政治家这样一路走过来的。这种"制造"有一部分源自历史力量的逻辑，比如合理化或其在资本主义中的体现。然而其中也有一部分是由行动引发的，这就是韦伯为何会坚称："人们若不一次又一次地努力去达成在这个世界不可能达成的目标，那么有可能达成的目标也绝无可能达成。"Weber, "Politics as a Vocation," 93.

36. Max Weber, Economy and Society, ed. G. Roth and C. Wittich (Berkeley: University of California Press, 1978), 1112.

37. 在《经济与社会》(Economy and Society) 中，韦伯写道："[魅力的]拥有者会抓住他注定要完成的任务，并要求其他人出于他的使命而服从和追随他。他觉得自己是被派往他们之中的，但若这些人不承认他，他的主张就要落空；若他们承认这一点，那么他只要证明了自己，就会成为他们的主人。"（1112）

38. Weber, "Politics as a Vocation," 76–77. 有关政治康德主义的论述，请参阅 Owen and Strong, "Introduction."

39. 这种游戏主导了当代电视剧对政治的描绘，比如《白宫风云》《丑闻》和《纸牌屋》。

40. Weber, "Politics as a Vocation," 92.

41. Weber, "Politics as a Vocation," 77.

42. Weber, "Politics as a Vocation," 77.

43. Weber, "Politics as a Vocation," 78.

44. Weber, "Politics as a Vocation," 77.

45. 关于韦伯的责任伦理，著述已然不少。例见志业演讲的两个最新英译本中的介绍性文章 [参见 The Vocation Lectures, ed. D. Owen and T. Strong, trans. R. Livingstone (Indianapolis: Hackett, 2004), 和 Charisma and Disenchantment: The Vocation Lectures, ed. Paul Reitter and Chad Wellmon, trans. Damion Searls (New York: New York Review of Books Press, 2020)] 以及 Shalini Satkunanandan, "Max Weber and the Ethos of Politics beyond Calculation," American Political Science Review 108, no. 1 (2014): 169–181; Corey Robin, "The

Professor and the Politician," *New Yorker*, November 12, 2020; Antonio Vazquez-Arroyo, *Political Responsibility: Responding to Predicaments of Power* (New York: Columbia University Press, 2016). 我只关心这种伦理的意义，因为它生于虚无主义时代并回应了这个时代。

46. Weber, "Politics as a Vocation," 32–33.

47. Weber, "Politics as a Vocation," 90.

48. 沙里尼·萨库南丹（Shalini Satkunanandan）颇有助益地提醒我们，责任伦理不是一种成本-收益或效率的计算。政治的基本要素，从行动和权力到它作为"终极价值"之争的地位，与这种计算都是不相容的——后者假定存在一种理性的、因此可以预测的事物秩序。Satkunanandan, "Max Weber and the Ethos of Politics," 170–173. 科里·罗宾（Corey Robin）认为，韦伯的回应不仅是针对行动可能产生与其预期结果相反的结果，也包括行动会受到官僚作风和制度重负的阻碍。"马基雅维利认为[意图和结果之间的]鸿沟是建立一个更复杂的机构的机会，在这个机构中，君主可以故意反道而行来产生预期的效果，而韦伯对政治家操纵结果的能力缺乏信心。政治行动的媒介——现代国家的官僚体制；国家间的暴力关系和帝国竞争——实在太稠密了。" Robin, "The Professor and the Politician."

49. Weber, "Politics as a Vocation," 78. 尼采的影响显而易见。在《道德的谱系》中，尼采写道："一个事物起源的原因和它……在一个目的体系中的实际运用和位置有着天壤之别；无论存在什么……都会一次次地被重新解释为新的目的，被某种高于它的权力接管、改造和重新定向。" *Genealogy of Morals,* II.12, p. 77. 对于政治行为转变成了一连串无意的结果，甚至与行动者意图相反的结果，马基雅维利作了调和，这或许可以被视为《君主论》(*The Prince*)整体的结构。

50. Weber, "Politics as a Vocation," 92.

51. Weber, "Politics as a Vocation," 92.

52. 韦伯在谴责革命者的"毫无结果的兴奋、漫无目的的浪漫主义"之后写道："仅有激情……并不能让任何人成为政治家，除非投身一项'事业'也意味着对这项事业的责任感被视作行动的决定性指路灯。为此（这也是政治家的关键心理特征），需要一种分寸意识，一种在保持内心平静和镇定的同时允许现实妨碍你的能力。简言之，需要的就是与人和事保持距离。'没有距离'……是每一个政治家的致命罪过之一……因为问题的核心就是如何在一个人身上炽热的激情和冷静的分寸感之间锻造一种统一……要做到这一点，就必须养成在任何意义上都保持距离的习惯。"Weber, "Politics as a Vocation," 77.

53. Weber, "Politics as a Vocation," 94.

54. Weber, "Politics as a Vocation," 77.

55. Weber, "Politics as a Vocation," 92.

56. Weber, "Politics as a Vocation," 92.

57. Nietzsche, *Genealogy of Morals,* III.12, p. 119.

58. 参见 Satkunanandan, "Max Weber and the Ethos of Politics," 174.

59. "一台无生命的机器的思维是客观化的。如此才能为它提供权力，以强迫工人为它效劳，并像工厂里的现实情况一样完全支配他们日常的工作生活。客观化的智能也是一台有生命的机器，是一种官僚组织，它有着专业化的受训技能、管辖权划分、规则以及等级制的权力关系。它和那无生命的机器共同忙于建构奴役之壳,也许有一天人类将被迫居于其中,像古埃及的农夫一样无能为力。" Max Weber, "Bureau cracy and the Naiveté of the Literati," in Weber, *Economy and Society*, vol. 2, ed. G. Roth and C. Wittich (Berkeley: University of California Press, 1978), 1402.

60. Eden, *Political Leadership*, 186.

61. Weber, "Politics as a Vocation," 93–94.

62. 不过有些将魅力型领导力等同于威权主义的人会容忍以专家治国论取代民主,这在今天意味着不仅要由经济学家、行为主义者和官僚统治,还要由算法统治。

63. 这种欲望可以在寻常的环境和制度中点燃,重要的是,几十年来,右派在学校、教会、公民协会、休闲活动、当然还有媒体中都有组织。尽管有葛兰西、斯图亚特·霍尔和早期法兰克福学派的规划,但左派在很大程度上都忽视了以这种方式来展开其价值观的文化生产和宣传。

64. 这就是韦伯对不久的将来所预言的"冰暗严酷的极夜",法西斯主义、国家社会主义和战争很快便将其变成了现实。Weber, "Politics as a Vocation," 93.

65. 韦伯明确地肯定了德国大学传统与"贵族精神"而非民主精神的密切关联。参见 Weber, "Science as a Vocation," 6.

第二章　知识

1. Max Weber, "Science as a Vocation," in The *Vocation Lectures*, ed. D. Owen and T. Strong, trans. R. Livingstone (Indianapolis: Hackett, 2004), 20.

2. 出于这个原因，在韦伯讲座的一个最新的英文版中，译者达米恩·西尔斯（Damion Searls）将"作为志业的学术"称为"学者的工作。"见 Max Weber, *Charisma and Disenchantment: The Vocation Lectures*, ed. Paul Reitter and Chad Wellmon, trans. Damion Searls (New York: New York Review of Books Press, 2020).

3. Paul Reitter and Chad Wellmon, "Editor's Introduction," in Weber, *Charisma and Disenchantment*, x–xi.

4. Weber, "Science as a Vocation," 28, 30.

5. Weber, "Science as a Vocation," 20. 韦伯挥之不去的民主原则在这里清晰可见：他暗示，一个人在此只应该从政治角度发言，而其他人同样有资格和能力反击。

6. 韦伯在一篇解释他与人共同创办的社会科学期刊的世界观和意图的文章中写道："《档案》（*Archive*）将不懈地与一种严重的自我欺骗作斗争，后者断言，综合几个政党的观点，或者遵循它们之间的一条路线，就可以达成科学有效性的实用规范。这种斗争是有必要的，因为由于这种自欺的做法试图用相对主义的术语来掩盖自己的价值标准，它对科研自由的威胁更甚于以前政党对其教条的科学"可论证性"的天真信念。区分经验知识和价值判断的能力，以及履行发现事实真相的科学责任以及为自己的理想挺身而出的实际责任，就是我们希望日益坚定地坚持的纲领。" Max Weber, "'Objectivity' in Social Science and Social Policy," in *The Methodology of the Social Sciences*, ed. and trans. E. Shils and H. Finch (New York: Free Press, 1949; New York: Routledge, 2011), 58.

7. Weber, "Science as a Vocation," 10, 13.

8. Weber, "Science as a Vocation," 20.

9. Weber, "Science as a Vocation," 25–33.

10. Weber, "Science as a Vocation," 37. 韦伯怒斥道:"提供有约束力的规范和理想,从中可以衍生出直接的实践活动的指令,这绝不能是实证科学的任务。" Weber, " 'Objectivity' in Social Science," 52.

11. Weber, *The Protestant Ethic and the Spirit of Capitalism: The Revised 1920 Edition*, trans. S. Kalberg (Oxford: Oxford University Press, 2010).

12. Weber, "Science as a Vocation," 11, 12, 19, 20.

13. Weber, " 'Objectivity' in Social Science," 96. 即使不同的价值体系不能交媾或混杂,但也必须认识到它们绑定于一种"如同上帝和魔鬼之争的势不两立的殊死斗争"之中(Weber, "Science as a Vocation," 17)。韦伯暗示,价值观无法在不被腐化或破坏的情况下相互妥协、混合或修改。

14. Max Weber, "Religious Rejections of the World and Their Directions," in Max Weber, *From Max Weber: Essays in Sociology*, ed. and trans. H. H. Gerth and C. W. Mills (Oxford: Oxford University Press, 1946), 352. 韦伯写道:"[宗教]主张解锁世界意义的手段不是智识,而是一种启示的魅力。"

15. 尽管如此,在语言学转向和行为主义兴起后,要维持韦伯的隔离走廊,就需要抛弃韦伯自己对真实性的不可根除的解释学维度的坦率承认,对所有人类事物的无穷复杂性的承认,乃至对必然会推动社会科学每一项研究的价值观的承认。讽刺的是,在这些转变之后,以韦伯的名义创立的实证主义社会科学却回避了韦伯自己坚持的自然科学和社会科学之间的巨大裂隙,尤其是将行为的"规律"归于后者的不当之处,并试图用致命的数学化和实证主义方法来弥合这一裂隙,而实证主义方法是如此坚决地脱离历史,如此冷漠地对待人类语言、文化、心理和权力的复杂性,以至于将吸引旨在深入理解人类事物的学术,使之越来越远离救赎人类的前景,使韦伯所反对的虚无主义及其产生的堆积如山的无意义的数据和分析愈发加剧。这就是现在彻底降临到我们身上的噩梦,韦伯试图预先阻止这场噩梦,其手段就是他的范畴净化和边界壁垒、一个容纳万物并使其各安其位的独特场域,以及他有时也承认被一条"细缝"隔开的理解模式之间的极度对立。

16. Max Weber, "The Meaning of 'Ethical Neutrality' in Sociology and Economics," in *The Methodology of the Social Sciences*, ed. and trans. E. Shils and H. Finch (New York: Free Press, 1949; New York: Routledge, 2011), 3–4.

17. Weber, "Meaning of 'Ethical Neutrality,' " 4.

18. 这也是促使韦伯努力将政治领袖的魅力塑造成"要对其各要素负责"的一部分原因,第一章讨论过这一点。

19. Weber, "Meaning of 'Ethical Neutrality,' " 9.

20. Weber, "Meaning of 'Ethical Neutrality,' " 3.

21. Weber, "Meaning of 'Ethical Neutrality,' " 5.

22. 韦伯又给我们呈现了一种危机的状况,它源于各种历史性的必然状况,他提议通过规约和对立来解决这种状况,他认定这些对立是事实性的(因此是真的),而不是道德或政治性的(因此是可争议的),即便他承认后者在历史上的特定地位,并经常把"客观性""中立"和"没有幻想的生活"等术语放入引号之中,以强调它们永远被人渴求的地位。

23. 他将文化规定为"世界进程中无意义的无限中的有限部分……人类为其赋予了意义和重要性。"Weber, " 'Objectivity' in Social Science," 81.

24. Weber, " 'Objectivity' in Social Science," 81.

25. Weber, " 'Objectivity' in Social Science," 76.

26. 这就是韦伯将 20 世纪称为对古代多神论的（浅薄）回归的原因。在探讨客观地决定重视对象的不可能性、期待价值与善或美一致的不可能性，或者排列不同文化的价值的不可能性时，他写道："不同神之间的冲突在迅速蔓延，而且将永远持续下去。这冲突和世界尚未剥离神魔之魔力的古代的情形一样，只不过意义不同罢了。希腊人有时给阿佛洛狄忒献祭，有时给阿波罗献祭，最重要的是给各自城邦的神献祭，今人也是一样。只是如今，众神已被剥夺了那些魔幻的、神话般的品质，但这些品质都具有内在的真实性，正是它们赋予了众神如此生动的直观性。"（Weber, "Science as a Vocation," 23）。它们缺乏内在的真实，这标志着过去的文化性事物现在已经被政治化了。

27. Weber, "Science as a Vocation," 20.

28. Weber, "Science as a Vocation," 21.

29. 相较于对权力差异的不负责任或利用（这是韦伯在"以学术为志业"中关注的部分内容），更关键的是认知本身。

30. Weber, "Science as a Vocation," 26–27.

31. 韦伯称这是为学生服务，可以帮助学生"对自己行为的最终意义作出解释"，这也是为伦理服务，只要能培养"清晰的思维和责任感"。Weber, "Science as a Vocation," 26–27.

32. Friedrich Wilhelm Nietzsche, *On the Genealogy of Morals*, ed. and trans. W. Kaufmann (New York: Random House, 1967),

119.

33. Sheldon S. Wolin, "Max Weber: Legitimation, Method and the Politics of Theory," *Political Theory* 9, no. 3 (August 1981): 401–424, 413.

34. Nietzsche, *Genealogy of Morals*, 117–121.

35. Nietzsche, *Genealogy of Morals*, 117–118.

36. Nietzsche, *Genealogy of Morals*, 163.

37. 历史决定论、形式分析乃至解构都被用来阉割人文学科中的伟大，这并不令尼采感到惊讶，即使这种阉割并非这些通向人文认知的方法所公开承认的夙愿。

38. Wolin, "Max Weber," 413.

39. 这个人甚至不是柏拉图意义上的容器，因为这当中没有与形式的交流，也没有与终极真理的感性联系。

40. Max Weber, "Politics as a Vocation," in *The Vocation Lectures*, ed. D. Owen and T. Strong, trans. R. Livingstone (Indianapolis: Hackett, 2004), 40, 76.

41. Weber, "Science as a Vocation," 31. 或如另一位译者——达米恩·西尔斯所说，"在讲堂里，简单的智识上的正直就是唯一重要的德性。" Weber, Charisma and Disenchantment, 41.

42. Sheldon S. Wolin, *Politics and Vision: Continuity and Innovation in Western Political Thought*, New Princeton Classics edition (Princeton: Princeton University Press, 2016), 19.

43. Wolin, *Politics and Vision*, 19.

44. Weber, "Science as a Vocation," 23.

45. John Locke, *Letter Concerning Toleration*, in Locke, *Political Writings*, ed. David Wootton (London: Penguin, 1993).

46. Weber, "Science as a Vocation," 24.

47. Weber, "Science as a Vocation," 27. Italics added.

48. Weber, "Science as a Vocation," 24.

49. Weber, "Science as a Vocation," 28.

50. Weber, "Science as a Vocation," 27.

51. Weber, "Science as a Vocation," 26.

后记　在韦伯与我们之间

1. 主流政客、专家和学者对民粹主义无情的贬损式描绘就是新韦伯主义霸权在这方面的一个表征。

2. Herbert Marcuse, *One Dimensional Man* (Boston: Beacon Press, 1964).

3. Libby Nelson, "The Strangest Line from Donald Trump's Victory Speech: 'I Love the Poorly Educated,' " *Vox,* February 24, 2016, https://www .vox .com /2016 /2 /24 /11107788 /donald -trump -poorly -educated.

4. 关键是要避免韦伯所说的将思想概念与他所说的"现实的稠密和混乱"混为一谈的错误。

5. 再加上各种"研究"对谷歌的日益依赖，以及为技术性知识而摒弃思想性知识，学生对课堂学习的期望值正处于历史低点，"上大学值得吗？"这个问题通常只会用"大学附加值"的数据来回答，也就是预期终身收入的增加。

6. Sarah Kaplan and Emily Guskin, "Most American Teens Are Frightened by Climate Change, Poll Finds, and About 1 in 4 Are Taking Action," *Washington Post,* September 16, 2019.

7. 今天，社会科学中负责任的学术无疑意味着探究我们是如何陷入目前的危急状态的，还要能够想象出明智、可行、可实现的替代选项。如若不然，我们尤其会让那些指望社会科学能帮助自己理解严重的当代问题的学生感到受挫。这些学生中最严肃、最热情的人往往会不由自主地走向人文学科，他们的担忧和问题可能会在其中得到确认，然而这些学科却脱离了对历史、社会制度和权力的实证研究和分析。

致　谢

我要感谢耶鲁大学坦纳讲座委员会（Tanner Lecture Committee），尤其是加里·汤姆林森（Gary Tomlinson）邀请我在 2019 年发表这些讲座。在耶鲁大学，保罗·诺斯（Paul North）和凯瑟琳·洛夫顿（Kathryn Lofton）在这些讲座结束后和我展开了一场内容极其丰富且具有挑战性的公开对话。我很感谢威廉·卡里森（William Callison）、吉尔·弗兰克（Jill Frank）、罗宾·马拉斯科（Robyn Marasco）、马修·谢弗（Matthew Shafer）、艾丽西亚·施泰因梅茨（Alicia Steinmetz）和伊夫斯·温特（Yves Winter），在我三年后重新审视这部作品时，他们为其作出了批判性的贡献。出版社的一位匿名读者提了几个很不错的建议，为改善本书提供了帮助。最后我要感谢朱迪斯·巴特勒（Judith Butler）和布莱恩·贾吉（Brian Judge），他们为最终的文稿做了慷慨而细致的工作。

索 引

行动 action，50

有生命的对阵无生命的 animate vs. inanimate，4

人类中心主义 anthropocentrism，4

反民主 anti-democratic

力量 forces，2–3，10，94,97–100

反犹主义 anti-Semitism，5

启示论 apocalypticism，8

禁欲主义 asceticism，38，72，79，81

本真性 authenticity，36，65

威权主义 authoritarianism，54

权威 authority

   对权威的挑战，21–22

   废黜权威，65

   宗教权威，65，85

   韦伯眼中的权威，30，36–37

天职（使命／志业）Beruf (calling / vocation)，15–16，50，83–84

温迪·布朗:《新自由主义的废墟》Brown, Wendy: In the Ruins of Neoliberalism，9

官僚虚无主义 bureaucratic nihilism，32
官僚化 bureaucratization，49
小布什 Bush, G. W.，114n12

自由主义中间派 centrism, liberal，53-54
魅力 charisma
    与教育，69-70，97
    与政治，90，91
    魅力的潜力，29，53
    与灵魂 / 激情，59
    韦伯眼中的魅力，35，36，116n37，121n14
魅力型领导力 charismatic leadership，37，53，59，91-92，119n62
基督教 Christianity，12，15
文明对阵野蛮 civilized vs. barbaric，4
课堂 classrooms
    课堂上的价值观，102
    韦伯论课堂，66，69-71，96.
    另见 universities
并行性分析 conjunctural analysis，93
批判理论 critical theory. 见 Frankfurt School
文化与文化战争 culture and culture wars，31，73-74

煽动性政客 demagoguery，33，36-37，51，71
民主 democracy，34，100
欲望（政治欲望）desire (political)，55-56，119n63
数字化 digitalization，14

祛魅 disenchantment，78，80

费奥多尔·陀思妥耶夫斯基 Dostoyevsky, Fyodor，10

教育 education，69-70，100，107

赋魅 enchantment. 见 disenchantment

启蒙价值观 Enlightenment values，1-2，21

认识论政治 epistemological politics，47-49

政治中的末世论 eschatology, in politics，45

伦理 ethic

 绝对伦理（韦伯），44

 信念伦理，44，45，48

 伦理的基础，87-88;

 教学法，61

 责任伦理，39-41，45，47，48，117n48

 终极目的伦理，44，48

事实 facts

 真实性，95，98;

 棘手的事实，95

 事实对阵价值，4

虚假意识 false consciousness，55

法西斯主义 fascism，54

宿命论 fatalism，8

金融化 financialization，3，14，84，94，108

外交政策 foreign policy，114n13

米歇尔·福柯 Foucault, Michel，7

法兰克福学派 Frankfurt School，7

韦伯眼中的自由 freedom, in Weber，50
自由与虚无主义 freedom and nihilism，50
西格蒙德·弗洛伊德 Freud, Sigmund，26

《道德的谱系》(尼采) Genealogy of Morals (Nietzsche)，25
德国 Germany
 德国学术生活，64
 民族主义，7，66
 韦伯论德国，8
上帝 God
 上帝之死，28，52
 韦伯的上帝对阵尼采的上帝，112n21
谷歌 Google，124n5
安东尼奥·葛兰西 Gramsci, Antonio，56，93
希腊神话 Greek mythology，30

斯图亚特·霍尔 Hall, Stuart，56，93，99
英雄气概 heroism，49
领导的等级制 hierarchy in leadership，53
高等教育 higher education. 见 universities
托马斯·霍布斯 Hobbes, Thomas，27
人类生活的价值 human life, value of，21
"人类机器"(韦伯)"human machineries" (Weber)，8，14
人类 humans
 人类对阵动物，4
 人类与合理化，48
 人类与价值观，1

洪堡式教育模式 Humboldtian model of education，63，89
超政治化 hyper-politicization，31，48，74，98，115n24

《新自由主义的废墟》（布朗）In the Ruins of Neoliberalism (Brown)，9
工具理性 instrumental reason，14
解释 interpretation，23
伊曼努尔·康德 Kant, Immanuel，38–39，87–88，109
知识 knowledge
　知识为权力而工具化，32
　现代性对知识的影响，90
　抵御虚无主义的伤害，12
　教学法方面，75
　知识与政治相对照，90
　知识与宗教，12–13，84–89
　科学知识，75–76
　有关主体的知识，72
　知识与真理，63；
　知识与价值观，1

语言的政治 language, politics of，76
作为统治者的领导 leaders, as rulers，9
领导力 leadership
　魅力型领导力，37，53，59
　等级性的领导力，53
　韦伯论领导力，56–57
弗拉基米尔·列宁 Lenin, Vladimir，108

自由主义 liberalism
    与魅力型领导力，53-54
    自由主义的"良知"，26
    自由主义与人的尊严，93
    自由主义的自由，94
    自由主义的承诺，93
    世俗自由主义，89
    自由主义的缺点，30-31

解放 liberation，113n24

约翰·洛克 Locke, John，85

马丁·路德 Luther, Martin，46

权力政治 Machtpolitik，7

大丈夫气概 manliness，49

赫伯特·马尔库塞 Marcuse, Herbert，56，93

卡尔·马克思 Marx, Karl，8，65

成熟 maturity，49

意义 meaning，14-15，87

《伦理中立的意义》（韦伯）"Meaning of Ethical Neutrality, The"(Weber)，70-71

手段与目的 means and ends，14

现代性 modernity
    现代性的"铁笼"（韦伯），50
    现代性中的知识，16
    现代性中的意义，14-15
    现代性中的目的，16
    现代性的结构，16-17

韦伯论现代性，7-8

民族主义 nationalism，42，66
    德国民族主义，7
自然对阵文化 nature vs. culture，4
新自由主义政治 neoliberal politics，45，93-94
    教育中的新自由主义政治，103，106-107
新自由主义 neoliberalism
    民主（受到新自由主义攻击），100-101
    万物的经济化，21，27
    与高等教育，101
    新自由主义环境下的不平等，93-94
    新自由主义的规范，13
    新自由主义的合理性，28，44-45
    价值观（的个性化），106-107
    韦伯与新自由主义的关联，7
中立 neutrality，70，72
尼采 Nietzsche, Friedrich，8
    禁欲主义，72，80
    论权威，23-24
    论价值评断，24-25
    《道德的谱系》，25
    与康德，38-39
    思想上的虚无主义，22-29，114n18
    距离的感染力，46
    尼采看视角主义，47
    引用，12

尼采看宗教，27-28，47

　　论科学，13

　　论价值贫乏，24

　　与韦伯，17，30，65，78-79，117n49

　　看意志，79-80

虚无主义 nihilism

　　学院中的虚无主义，60-64

　　最黯淡版的虚无主义，86

　　官僚虚无主义，32

　　作为一种状况，12，21

　　当代形式，11

　　当代思想中的虚无主义，21

　　抑郁形态，81

　　与自由，50

　　与推翻上帝，23

　　克服虚无主义，18

　　后虚无主义，104-105

　　当下的虚无主义，9

　　虚无主义的公共生活，11

　　与合理性，28

　　源头，50

　　价值观的贬值（尼采），25-26

　　虚无主义中的价值观，12

　　作为虚无主义体现的虚荣，40

　　韦伯对虚无主义的构想，15

原旨主义（宪政的）originalism (constitutional)，93

教学法 pedagogy，61，95-96，101-102，104-105

个性崇拜 personality, cult of，71

尼采看视角主义 perspectivism, in Nietzsche，47

罗伯特·皮平 Pippin, Robert，28

国民投票式民主 plebiscitary democracy，34

多元主义（宗教的）pluralism (religious)，85

政治领域 political sphere，18，49-50

政治化 politicization

 政治化的形式，115n24

 超政治化，74

 抵制政治化，64-73

政治 politics

 欲望，55-56

 从政，43

 认识论政治，47-49

 政治中的伦理非理性，49

 超政治化，31

 与知识对照，90

 现代性对政治的影响，90

 作为道德/伦理原则，41

 政治中的客观性，108-109

 参与政治（韦伯），52-53

 政治中的极化，31

 作为政治通货的权力，19

 拯救政治，52

 以国家为中心的政治，42

 对阵理论，99

索 引

　　对阵大学，98

　　政治虚荣，40.

　　另见 Weber, Max: politics

对进步的信仰 progress, belief in，12

新教 Protestantism

　　信教的禁欲主义理想，80

　　天职（使命/志业），15-16

　　信教中的德性，72

　　韦伯看信教，35

公共 public

　　虚无主义的形式，11

　　公共对私人，4

合理性 rationality

　　与左派，54

　　与虚无主义，28

　　作为系统性力量的合理性，13-14

　　韦伯看合理性，50，115n27

　　与科学，64-65

合理化 rationalization，33，35，48

理性 reason，14，55

宗教 religion

　　与权威，65，85

　　与知识，12-13，84-89

　　宗教的动员，113n23

　　尼采论宗教，27-28

　　对阵科学，13，47

宗教社会学，6

科学（与宗教分离），16

责任伦理，39-41，45，47，48

情感 ressentiment，49

克制对阵决心 restraint vs. determination，38

作为领导的统治者 rulers, leaders as，9

沙里尼·萨库南丹 Satkunanandan, Shalini，117n48

沃尔夫冈·施鲁赫特 Schluchter, Wolfgang，113n24

卡尔·施密特 Schmitt, Carl，108

学者与学术 scholars and scholarship

与天职，83-84

学者与学术的创造性，82；

学者与学术的义务（韦伯），77

学者与学术的任务（韦伯），62-63

学者与学术的神学残余，66-67

学者与学术中的价值观，73-84.

另见 pedagogy；universities

科学 science

科学中的知识，75-76

科学知识，86

科学的局限，13

科学中的意义，13-14

对阵宗教，13

术语的使用，63.

另见 Wissenschaft (systematic knowledge)

达米恩·西尔斯 Searls, Damion，123n41

世俗化 secularization，12，14，85，89. 另见 authority
社会科学 social sciences
 社会科学中的模型，92-93
 社会科学中负责任的学术，124n7
 价值中立的社会科学，70
 韦伯的遗产，6-7，120n6，121n15
宗教社会学 sociology of religion，6
苏格拉底 Socrates，97
乔治·索雷尔 Sorel, Georges，56
言论对阵行动 speech vs. action，4
领域 spheres，15-16，18
以暴力为中心的国家 states, as violence-centered，42
主体对阵客体 subject vs. object，76-77
罗恩·苏斯金德 Suskind, Ron，114n12

奥伯特·克拉克·坦纳 Tanner, Obert Clark，1
政治中的目的论 teleology, in politics，45
利奥·托尔斯泰 Tolstoy, Leo，10，13，30，87
唐纳德·特朗普 Trump, Donald，98
真理 truth
 真理的贬值（尼采），27
 真理与意义/价值对阵事实，67
 真理与道德/政治，71
 真理与科学（的局限性），13
 真理与价值，2，27

大学 universities

就读大学的机会，100

大学与市场价值观，66

大学承受的新自由主义压力，101

大学与虚无主义，58

课程的政治化，103，107

学生的期望，124n5

韦伯论大学，5，98.

另见 scholars and scholarship

价值观 values

 学者对价值观的分析，73

 价值观与信念/欲望，57

 作为资本助益的价值观，26

 价值观与决定，88，112n18

 价值观的根除，31

 启蒙运动，1-2

 历史性价值观，77-78

 人类生活（虚无主义）的价值观，21

 价值观的超政治化，31

 价值观的意义，77

 得自价值观的意义，93

 虚无主义中的价值观，12

 规范性价值观，77

 政治价值观，75

 （转为）实践立场，74

 当下的价值观，4

 价值观的世俗多元化，85

坦纳讲座中的价值观，1

价值观与真理，2，27，47

终极价值观（韦伯），61

（尼采论）价值贫乏，24

韦伯看价值观，17，18，48，61，100，108

价值观与世界观，62

虚荣 vanity，39-40

暴力 violence，42

马克·沃伦 Warren, Mark，32

马克斯·韦伯 Weber, Max

韦伯看权威，36-37

二元思维，68-69

韦伯论魅力，37

韦伯论德国，8

所受影响，8

本书对韦伯的解读，19，90

韦伯论现代性"铁笼"，50

韦伯论知识与宗教，12-13

论领导力，56-57

韦伯与马克思，65

新韦伯主义，91

韦伯与尼采，17，65，78-79，117n49

尼采对韦伯的影响，30

虚无主义（的问题），15

反对虚无主义，10

思想中的虚无主义，22，30-59

韦伯论政治参与，52-53，118n52

韦伯论政治语言，76

韦伯看政治重塑，49-50

政治，17，18-19，34，36

合理化论题，115n27

对其作品的接纳，6

责任（伦理），39-41

韦伯看信教世俗化，35

《伦理中立的意义》，70-71

与韦伯一同思考，7，113n29

韦伯论托尔斯泰，87

韦伯看价值中立，70

韦伯看价值观，17，18，48

虚荣 vanity，39-40

韦伯看暴力，42

韦伯看世界，116n35.

另见 charismatic leadership

世界观（人生哲学）Weltanschauung (philosophy of life)，21，62

白人至上主义 white supremacy，3，4-5

尼采的意志 the will, in Nietzsche，79-80

科学（系统的知识）Wissenschaft (systematic knowledge)，16，64-65. 另见 science

谢尔顿·沃林 Wolin, Sheldon，18，60，79-80，81，83

图书在版编目（ＣＩＰ）数据

在虚无时代：与马克斯·韦伯共同思考 /（美）温迪·布朗著；李磊译. -- 上海：上海文艺出版社，2024. -- ISBN 978-7-5321-9097-3

Ⅰ．C91

中国国家版本馆CIP数据核字第20246RS273号

NIHILISTIC TIMES : Thinking with Max Weber by Wendy Brown
Copyright © 2023 by the President and Fellows of Harvard College
Published by arrangement with Harvard University Press
through Bardon Chinese Creative Agency Limited
Simplified Chinese translation copyright © (2024) by Shanghai Literature & Art Publishing House
ALL RIGHTS RESERVED
著作权合同登记图字：09-2024-0366号

发 行 人：毕　胜
责任编辑：肖海鸥　魏钶凌
装帧设计：左　旋
内文制作：常　亭

书　　名：在虚无时代：与马克斯·韦伯共同思考
作　　者：[美] 温迪·布朗
译　　者：李　磊
出　　版：上海世纪出版集团　上海文艺出版社
地　　址：上海市闵行区号景路159弄A座2楼　201101
发　　行：上海文艺出版社发行中心
　　　　　上海市闵行区号景路159弄A座2楼206室　201101　www.ewen.co
印　　刷：苏州市越洋印刷有限公司
开　　本：1092×787　1/32
印　　张：6
插　　页：2
字　　数：89,000
印　　次：2024年10月第1版　2024年10月第1次印刷
Ｉ Ｓ Ｂ Ｎ：978-7-5321-9097-3/C.106
定　　价：52.00元
告 读 者：如发现本书有质量问题请与印刷厂质量科联系　T：0512-68180628